建设美丽中国书系
building a beautiful China

农牧民非农就业问题研究

以青海省为例

赵海荣◎著

Research on Non-agricultural Employment of Farmers and Herdsmen

A Case Study of Qinghai Province

中国经济出版社
CHINA ECONOMIC PUBLISHING HOUSE
北京

图书在版编目（CIP）数据

农牧民非农就业问题研究 ：以青海省为例 / 赵海荣著. -- 北京 ：中国经济出版社，2024. 9. -- ISBN 978-7-5136-7804-9

Ⅰ. F323.6

中国国家版本馆 CIP 数据核字第 20240GV698 号

组稿编辑　葛　晶
责任编辑　焦晓云
责任印制　马小宾
封面设计　久品轩

出版发行　中国经济出版社
印 刷 者　河北宝昌佳彩印刷有限公司
经 销 者　各地新华书店
开　　本　710mm×1000mm　1/16
印　　张　11.5
字　　数　168 千字
版　　次　2024 年 9 月第 1 版
印　　次　2024 年 9 月第 1 次
定　　价　88.00 元
广告经营许可证　京西工商广字第 8179 号

中国经济出版社 **网址** http://epc.sinopec.com/epc/ **社址** 北京市东城区安定门外大街 58 号 **邮编** 100011
本版图书如存在印装质量问题，请与本社销售中心联系调换（联系电话：010-57512564）

序言
PREFACE

随着改革进程的加快和社会主义市场经济的发展，我国城乡二元结构逐渐被打破，大批农村劳动力向第二、第三产业转移，实现了农村劳动力资源的重新配置。

大量农村劳动力通过非农就业获得了更多的工资性收入或非农经营性收入，这对于改善农村居民家庭收入结构和贫困状况，缩小城乡收入差距和改变农村贫困落后的局面起到了不可替代的作用。

随着西部大开发的深入推进，青海省内各少数民族地区经济社会进入发展最快、最好的时期，就业结构和收入结构发生了显著的变化。但是，青海省内少数民族地区大多地处高寒缺氧地带，生态环境脆弱，自然灾害频繁，农牧区教育、医疗等公共基础设施薄弱，与其他地区相比，经济社会发展水平明显滞后，广大农牧民走出深山、融入城镇、脱贫致富的愿望比较强烈。研究青海省内各少数民族地区农牧民非农就业问题具有十分重要的现实意义。

本书深入研究青海省农牧民非农就业的效应，包括对农牧民家庭收入、农牧民家庭消费、农牧业生产率，尤其是农牧民家庭贫困脆弱性的影响；剖析青海省农牧民非农就业在减轻农牧民家庭贫困脆弱性方面的阻碍因素，以期采取有针对性的措施，使地区农牧民非农就业与减轻相对贫困协调推进。

本书将产业结构理论、农村劳动力转移理论、人力资本和就业理论和发展经济学理论应用于分析青海省农牧民非农就业问题，以验证理论的适用性，同时扩大相关理论的应用范围。对青海省内各少数民族地区农牧民非农就业问题展开系统研究，有助于科学把握青海省农牧民非农就业状况，了解影响农牧民非农就业的诸多因素，以及非农就业对农牧民个人、家庭及所在地区经济社会发展的影响程度，特别是减轻相对贫困的程度，从而为当地政府合理制定促进农牧民非农就业的相关政策提供参考。

目录
CONTENTS

第1章

绪论

1.1 研究背景与问题的提出

由于人多地少的基本国情和农业生产的季节性特征，我国农村滞留着大量剩余劳动力。随着改革开放进程的加快和社会主义市场经济的发展，城乡二元结构逐渐被打破，大批农村劳动力向第二、第三产业转移或从农村迁移到城市，实现了农村劳动力资源的重新配置。据统计，2020 年我国农民工总量达到 2.8560 亿人，其中，本地农民工 1.1601 亿人，外出农民工 1.6959 亿人；分区域来看，西部地区输出农民工人数增加最多，增量占到新增量的一半以上，东部、东北地区吸纳就业的农民工减少，中西部地区吸纳就业的农民工继续增加①。这意味着农村劳动力的乡城迁移或非农产业转移已成为我国区域经济社会发展的普遍现象（赵燕，2011）。这种现象的驱动因素以及驱动因素的区域性差异成为政府、学术界和社会关注的热点。

由于社会化生产的城市经济和小农生产的农村经济并存的二元经济结构依然存在，我国城乡发展差距仍然较大，特别是城乡收入差距。大量农村劳动力通过非农就业获得了更多的工资性收入或非农经营性收入。据统计，我国农村居民与城镇居民人均可支配收入倍差从 2013 年的 2.80 降到 2020 年的 2.56。② 这对于改善农村居民家庭收入结构和贫困状况、缩小城乡收入差距和改变农村贫困落后的局面起到了不可替代的作用。

① 资料来源于《2020 年农民工监测调查报告》。

② 资料来源于国家统计局官网。

党的十八大报告指出，要坚持走中国特色新型城镇化、农业现代化道路，推动城镇化和农业现代化相互协调发展。党的十九大报告提出，要实施乡村振兴战略：构建现代农业产业体系、生产体系、经营体系，实现小农户和现代农业发展有机衔接；促进第一、第二、第三产业的融合发展。城镇化最基本的趋势是农村富余劳动力和农村人口向城镇转移，乡村振兴的关键在于解决城市和乡村发展不平衡的问题，打赢脱贫攻坚战，以便实现农村贫困人口脱贫。虽然我国已进入后扶贫时代，但稳定脱贫攻坚成果、与相对贫困持续斗争仍是我们长时期的目标。因此，实现农村居民的非农就业，对于新型城镇化和农业现代化协调发展、缩小城乡差距、促进城乡协调发展和农村居民摆脱相对贫困具有重要意义。

随着西部大开发的深入推进，青海省及省内各少数民族地区经济社会进入历史上发展最快、最好的时期，就业结构和收入结构发生了显著变化。据统计，青海非农就业人数占比从 2000 年的 44. 2%增至 2020 年的 74. 55%；其中，2020 年农村居民非农就业占比达 45. 46%。城乡人均可支配收入倍差从 2013 年的 3. 10 降至 2020 年的 2. 88；工资性收入在农村居民可支配收入中的占比从 2013 年的 27. 5%提高到 2020 年的 32. 5%①。这些数据充分表明，依靠农牧业解决农牧民就业问题潜力十分有限（才让塔，2011），而农牧民非农就业也成为青海省及省内各少数民族地区经济社会发展的推动力量。

为促进农牧民非农就业，青海省陆续制定并实施了一系列政策：《关于进一步加强农牧区劳动力转移就业工作的若干意见》，有助于推进农牧区富余劳动力转移就业、促进劳务经济的健康发展；《青海省人民政府关于进一步深化户籍制度改革的实施意见》，取消了农业户口与非农业户口性质的区分，打破了农业与非农业户口的界限和城乡分隔的户籍壁垒，切实保障进城落户农牧业转移人口及其他常住人口的合法权益；《青海省人民政府办公厅关于做好农民工等人员返乡创业工作的实施意见》，支持农民工返乡创业，推动农村富余劳动力向非农产业和省内外转移就业。这些政策对促进青海省及省内各少数

① 根据 2021 年《青海统计年鉴》相关数据计算得出。

民族地区农牧民非农就业具有十分显著的作用，但是青海省及省内各少数民族地区大部分处于高寒缺氧地带，生态环境脆弱，自然灾害频繁，农牧区教育、医疗等公共基础设施薄弱，与其他地方相比，经济社会发展水平明显滞后，广大农牧民走出深山、融入城镇、脱贫致富的淳朴愿望比较强烈。研究青海省及省内各少数民族地区农牧民非农就业问题具有十分重要的现实意义。

1.2 研究目的、意义与价值

本书研究目的有四个：第一，基于文献调研资料和实地调研数据，描述青海省农牧民非农就业状况，包括非农就业的行业状况、地区状况和能力水平；第二，系统分析青海省农牧民非农就业的影响因素，包括非农就业概率、非农就业行业和非农就业地区的影响因素；第三，深入研究青海省农牧民非农就业效应，包括对农牧民家庭收入、农牧民家庭消费、农牧业生产率，尤其是农牧民家庭贫困脆弱性的影响；第四，识别青海省农牧民非农就业在减轻农牧民家庭贫困脆弱性方面的障碍因素，使地区农牧民非农就业与缓解相对贫困协调推进。

本书研究的意义体现在两个方面：第一，通过将产业结构理论、农村劳动力转移理论、人力资本和就业理论、发展经济学理论应用于青海省农牧民非农就业问题分析，验证理论的适用性，以便扩大相关理论的应用范围。第二，通过对青海省及省内各少数民族地区农牧民非农就业问题进行系统研究，科学把握青海省农牧民非农就业状况，影响农牧民非农就业的各种因素以及非农就业对农牧民个人、家庭及所在地区经济社会发展的影响程度，特别是缓解相对贫困的程度，为当地政府合理制定关于农牧民非农就业的相关政策提供参考。

本书研究的价值体现在两个方面：第一，学术价值。改革开放以来，我国城乡经济结构发生了巨大变化。本书在对青海省农牧民非农就业形势进行分析的基础上，提出扩大青海省农牧民非农就业空间的对策与建议，以改善外部就业环境、建立健全相关制度，促进青海省农牧民非农就业，扶助青海省贫困户，帮助困难群众脱贫。本书不仅能丰富民族学理论的研究内容，而且能为政府解决“三农”问题提供理论依据和政策指导。第二，应用价值。本书将青海省作为研究对象，是基于青海省既具有西部地区、欠发达地区与民族宗教地区等多重研究视角的普遍性和典型性，又地处我国生态安全至高地——青藏高原，是中国长江、黄河和澜沧江的发源地——三江源所在省区，研究价值具有唯一性和独特性。因此，对青海藏区农牧民非农就业问题进行系统梳理和科学研究，既能为实现青海省的科学发展提供客观依据，又能为西部民族地区推进区域经济发展提供有效借鉴。

1.3 研究范围与相关概念界定

本节将清晰界定相关概念和规范，并对基础理论进行梳理，为系统研究青海省及省内各少数民族地区农牧民非农就业问题奠定理论基础。具体概念包括农村劳动力、非农就业、农村劳动力非农就业、农村劳动力转移性非农就业和农村劳动力本地非农就业等，涉及理论包括产业结构理论、农村劳动力转移理论、人力资本和就业理论、发展经济学理论。

1.3.1 研究范围

本书主要探究青海省非农就业问题，调查对象是青海省农牧区的农牧民，主要调查内容包括人均可支配收入、非农就业率、非农就业的性别比例、非农就业分布的产业等，通过具体分析青海省农牧民非农就业现状，提供切实可行的建议。

1.3.2 相关概念

（1）农村劳动力

何盛明（1990）在《财经大辞典》中将农村劳动力定义为农村人口中在劳动年龄以内，具有劳动能力并经常参加社会劳动的人数，包括乡村企业的劳动力、集体统一经营的劳动力、联户企业的劳动力和农民家庭经营的劳动力。何景熙（2000）认为，农村劳动力是指户籍所在地为农村社区的人口中15~64周岁的男性和女性个人，不包括在校学生、服兵役人员，以及身体原因不能劳动的人等。按照《中国统计年鉴》中的“主要统计指标解释”，乡村从业人员是指乡村人口中劳动年龄在16周岁以上，实际参加生产经营活动并取得实物或货币收入的人员，包括劳动年龄内经常参加劳动的人员，也包括超过劳动年龄但经常参加劳动的人员，但不包括户口在家的在外学生、现役军人和丧失劳动能力的人，也不包括待业人员和家务劳动者（蔡昉，2007）。基于上述观点，农村劳动力概念应包括劳动者户籍所在地、年龄、劳动能力和各项劳动活动信息因素。本书认为，《中国统计年鉴》中关于农村劳动力概念的解释更具普遍性并以此为参考。

（2）农村剩余劳动力

何盛明（1990）在《财经大辞典》中将农村剩余劳动力定义为现有农村劳动力人数多于农村各项生产工作实际需要的劳动力人数。何景熙（2000）将农村剩余劳动力定义为中国农村中不充分就业的劳动力；所谓劳动力的不充分就业，是指每个单位农村劳动力每年有效工作时数低于公认的单位农村充分就业劳动力年度有效工作时数标准，即制度工时数的一种状态。韩纪江（2003）认为，农村剩余劳动力本质上是劳动边际产出小于边际投入的那部分劳动力，狭义的农村剩余劳动力即劳动力投入边际产出为零的那部分劳动力，广义的农村剩余劳动力即边际产出小于边际投入或小于潜在社会均衡劳动力价格的那部分劳动力；受现有制度安排和经济发展水平的制约，农村劳动力对农业生产投入的经济理性往往是有限的，当边际产出小于边际投入时，仍然继续投入大量劳动。本书综合上述关于农村剩余劳动力的概念阐述，认为农村剩余劳动力是指农村劳动力中边际投入小于边际产出或处于闲置状态的人口。

（3）非农就业

根据西方产业经济理论，可将经济生产活动划分为三类：第一产业，包括农业、畜牧业、渔业、水产养殖业、林业、采集业，有的还包括采矿业；第二产业，即工业和建筑业；第三产业，包括交通运输、仓储和邮政业，信息传输、计算机服务和软件业，批发和零售业，住宿和餐饮业，金融业，房地产业，租赁和商务服务业，科学研究、技术服务和地质勘查业，水利、环境和公共设施管理业，居民服务和其他服务业，教育、卫生、社会保障和社会福利业，文化、体育和娱乐业，公共管理和社会组织，国际组织等行业。非农部门，即除农业部门或第一产业以外的其他部门，包括第二产业和第三产业。大体上，第一产业是指为工业生产提供原材料或其他产品，不必经过深度加工就可以消费的生产部门；第二产业是指对第一产业进行加工制造或精炼的部门；第三产业是指流通和服务部门。非农就业是指那些不从事农业生产的人在城市和城市周边地区的非农行业就业。非农行业包括制造、服务、建筑、金融、科技、教育等行业。

（4）农村劳动力非农就业

基于刘晓昀等（2003）对农村劳动力非农就业的定义，即农村劳动力非农就业就是除从事农业工作之外的其他就业，包括在本地从事服务性工作、外出打工等非农就业。本书结合青海省现实情况，将农村劳动力非农就业定义为农村劳动力从事农业生产以外活动并取得相应报酬的就业现象。农村劳动力非农就业包括两类：一类是农村劳动力转移性非农就业，另一类是农村劳动力本地非农就业。区分农村劳动力转型性或本地非农就业的标准在于劳动者就业地区是否在本县域范围。

1.4 研究思路、内容与方法

1.4.1 研究思路与内容

2013 年 11 月，习近平总书记到湖南湘西考察时首次做出了“实事求是、因地制宜、分类指导、精准扶贫”的重要指示。简单地说，相对于粗放扶贫而言，精准扶贫就是谁贫困扶持谁。

本书的基本思路是以劳动经济学和宏观经济学理论为基础，以青海省藏区社会经济文化为背景，以农牧民非农就业为主线，研究青海藏区农牧民非农就业的一般性规律以及存在的问题，探讨青海藏区农牧民非农就业的创新模式。

本书共7章内容：第1章为绪论，包括研究背景与问题的提出，研究目的、意义与价值，研究范围与相关概念界定，研究思路、内容与方法，以及特色及可能的创新等；第2章为理论基础与文献综述，介绍了产业结构理论、农村劳动力转移理论、人力资本理论和贫困与反贫困理论等；第3章为青海省农牧民非农就业现状与调查分析，包括青海省农牧民非农就业历程及现状，青海省农牧民非农就业能力评价；第4章为青海省农牧民非农就业的影响因素分析，对青海省农牧民非农就业、非农就业分地区及非农就业行业的影响因素等进行了系统研究；第5章为青海省农牧民非农就业的增收减贫效应，对青海省农牧民非农就业的增收减贫问题及效应进行了系统分析，重点对农牧民非农就业的增收效应进行了实证分析；第6章为青海省农牧民非农就业中存在的问题及发展建议，对青海省农牧民非农就业中存在的问题进行了总结，并对障碍因素和增收路径进行了探讨，最后提出政策建议；第7章为主要结论与研究展望，对研究得出的结论进行总结，指出研究存在的不足，并对未来研究进行了展望。

1.4.2 研究方法

本书主要采用以下方法进行研究：

第一，文献调研和田野调查方法。

本书围绕青海省及省内各少数民族地区的非农就业问题，广泛查阅和搜集学术期刊文献、书籍、报刊、政策报告、统计数据，并有计划地归类、研读和梳理，最终厘清了研究的背景、目的、意义，并对内容框架进行初步搭建。

在文献调研的基础上，本书设计了农牧民个人信息、家庭信息、非农就业特征、非农就业影响因素四个方面的田野调查问卷，以便获得实证分析所需的微观数据。此外，考虑到田野调查数据主要为一次调查的截面数据，不能反映青海省及省内各少数民族地区农牧民非农就业与农牧民相对贫困的动态关系，本书以县域为调查单位，基于实地搜集的青海省各县级单位农牧民非农就业与相对贫困方面的动态数据，结合农牧民非农就业与农牧民相对贫困的相互作用机制，采用经济计量模型进行分析，揭示地区农牧民非农就业与农牧民相对贫困的动态关系。

第二，规范和实证分析方法。

本书涉及的概念与理论，具体包括农村劳动力、非农就业、农村劳动力非农就业、农村劳动力转移性非农就业和农村劳动力本地非农就业等概念，以及产业结构理论、农村劳动力转移理论、人力资本和就业理论与发展经济学中关于贫困的理论。

本书运用AHP层次分析方法和熵值客观权重相结合的综合评价方法对青海省农牧民非农就业能力进行评估，运用多元Logistic选择模型和Probit模型系统分析青海省农牧民非农就业的影响因素，运用联立方程模型深入研究青海省农牧民非农就业能力的减贫效应，梳理并把握青海省农牧民非农就业在解决地区农牧民相对贫困方面的障碍因素，使地区农牧民非农就业与地区减贫协调推进。

1.5 特色及可能的创新

本书采用劳动经济学的相关方法研究青海省农牧民非农就业问题，以时间为序进行系统阐述。对相关制度做出详尽的分析，旨在加快消除我国二元经济结构，将农村人口非农就业研究推向新的高度，在城乡改革和农牧民非农就业难点问题方面有所创新，为国家实行促进民族地区就业的政策提供参考。虽然分析农民工就业的文献数不胜数，但基于精准扶贫视角对青海藏区农牧民非农就业情况进行探讨和研究的，目前较少，在这方面，本书可以说做出了创新。本书还分析了青海省农牧民非农就业的增收减贫效应，着重探究农牧民非农就业的增收效应，研究成果对其他同类型地区具有一定的参考价值。

第2章

理论基础与文献综述

2.1 理论基础

2.1.1 产业结构理论

早在 17 世纪，英国经济学家威廉·配第（William Petty）就对不同产业进行了研究并在其著作《政治算术》中阐述了制造业比农业，进而商业比制造业能够获得更多的收入，提出不同产业在相对收入上的差异必然造成劳动力向获得更高收入的部门转移的规律。1935 年，新西兰经济学家费歇尔在其著作《安全与进步的冲突》中提出产业的划分方法，并将经济生产活动划分为三类：第一产业，即包括种植业、林业、畜牧业和渔业在内的农业；第二产业，即工业和建筑业，其中工业包括采矿业，制造业，电力、燃气及水的生产和供给业；第三产业，即流通部门、服务部门，具体包括流通业、为生产和生活服务的行业、为提高科学文化水平和居民素质服务的各行业部门、为社会公共需要服务的行业部门。英国经济和统计学家科林·克拉克（Colin G. Clark）基于三次产业活动的划分，收集和整理了若干国家劳动力在第一、第二、第三产业的转移统计资料，得出随着经济的发展，劳动力首先由第一产业向第二产业转移，当人均国民收入水平进一步提高时，劳动力便从第一产业、第二产业向第三产业流动，并逐步形成劳动力产业分布格局，即第一产业劳动力将减少，第二、第三产业劳动力将增加的规律。上述规律被后来的经济学家统称为“配第-克拉克定理”。

2.1.2 农村劳动力转移理论

经济学家从不同角度对劳动力尤其是农村劳动力转移问题进行了理论分析，比较经典和普遍适用的理论包括刘易斯（W. A. Lewis）二元经济结构理论、托达罗人口迁移模型和新迁移经济理论。

（1）刘易斯二元经济结构理论

20世纪50年代，英国经济学家刘易斯在其发表的《劳动无限供给条件下的经济发展》一文中提出了用于解释发展中国家经济问题的理论模型，即刘易斯二元经济结构模型。该模型认为，发展中国家同时存在着自给自足的农业经济体系和城市现代工业体系的二元经济结构现象。由于耕地资源稀缺，生产技术落后且很难有突破性进展，以及人口过剩，产量在达到一定的数量之后，基本不再增加，农业生产中的边际生产率趋于零，有时甚至是负增长。这些边际生产率为零的过剩劳动力导致发展中国家经济长期处于低水平以及巨大的城乡差距。城市现代工业体系各工业部门具有可再生性的生产资料，生产规模的扩大和生产速度的提高可以超过人口的增长速度，劳动边际生产率高于农业部门的劳动边际生产率，工资水平也略高于农业生产部门，所以可从农业部门吸收剩余劳动力。只要工业部门所支付的劳动力价格比农业部门的收入略高，农业剩余劳动力就会选择到工业部门去工作，因此农村劳动力会变得更为廉价，而工业部门就可以支付较少的劳动报酬，将更多的资本用于扩大再生产，这样又可以吸引更多的农村劳动力到工业部门参与劳动，从而形成良性循环，促使更多的农村剩余劳动力向非农就业部门转移，二元经济结构逐渐瓦解。

费景汉（H. Fei）和拉尼斯（G. Ranis）于1964年修正了刘易斯二元经济结构模型中的假设，认为农村剩余劳动力分为边际产出为零和边际产出不为零但并不能满足自己的消费需求两类，工农数量的转换必须经过三个阶段：第一阶段，边际劳动生产率为零的农民向工业部门转移，这部分农民的转移不会影响农业总产出水平，获得相当于他们在农业部门的报酬能够降低工业部门的劳动成本，促进工业积累和工业部门的进一步扩张，并且由于农民数量的减少，其他农民的人均所得会有所增加。第二阶段，第一阶段的一部分人转移到工业部门之后，后一部分人受到工业部门的吸引也开始向非农部门转移，但后一部分农民的边际产出不为零，他们转出农业部门后，农业总产出水平下降，当这种下降达到一定水平时，必然引起农产品相对价格的上涨，从而迫使工业部门提高工资、增加成本，进而妨碍工业部门的积累和扩张，使工业部门对剩余农民的吸纳能力减弱。因此，这一阶段需提高农业劳动生产率，以补偿那些边际生产率不为零的农民流出农业部门所造成的影响。第三阶段，第二阶段一直持续到农业部门不再有剩余劳动力，社会劳动力在工业、农业两部门间的分配将由竞争性的工资水平决定，不仅农业部门向工业部门继续提供剩余劳动力，工业也要反过来支持农业的发展。

（2）托达罗人口迁移模型

20 世纪 70 年代，美国发展经济学家托达罗（M. P. Todaro）发表了农村劳动力向城市迁移决策和就业概率的劳动力流动行为模型。该模型假设农业劳动者迁入城市的动机主要取决于城乡预期收入差异，这种差异越大，流入城市的人口越多。用公式表示为

$$M=d(d)\text{，}f'>0 \qquad (2-1)$$

其中，M 表示人口从农村迁入城市的数量；d 表示城乡预期收入差异；f' 表示人口流动是预期收入差异的增函数。

托达罗认为，农业部门预期收入等于未来某年的实际收入，现代工业部门的预期收入等于未来某年的预期收入与就业概率的乘积，即城乡预期收入差异（d）应表示为

$$d=w\pi-\gamma \qquad (2-2)$$

其中，w 表示城市实际工资率；π 表示就业概率；γ 表示农村人均实际收入。在任一时期，迁移者在城市能否找到工作取决于两个因素，即城市新增就业机会和城市失业人数。就业概率与城市新增就业机会成正比，与城市失业人数成反比，用公式表示为

$$\pi=\frac{\gamma N}{S-N} \tag{2-3}$$

其中，γ 表示城市现代部门工作岗位创造率；N 表示现代部门总就业人数；S 表示城市地区总劳动力规模。为使模型更贴近实际，托达罗建立了长期人口流动行为模型：$V(0)$ 表示迁移者计划期内预期城乡收入差异的净贴现值；$Y_u(t)$ 和 $Y_r(t)$ 分别表示 t 期城市和乡村的实际工资率；n 表示时期数；r 表示贴现率。托达罗认为，该模型能反映迁移者的时间偏好程度。一个迁移者在现代部门找到工作以前的第 n 期的净收入贴现值公式为

$$V(0)=\int_{t=0}^{n}[P(t)Y_u(t)-Y_r(t)]e^{-rt}dt-C(0) \tag{2-4}$$

其中，$C(0)$ 表示迁移成本；$P(t)$ 表示一个迁移者 t 期内在现代部门获得工作的概率，这个概率不同于 π，是一个累加的概率，且

$$P(t)=\pi(1)+\sum_{i=2}^{t}\pi(i)\prod_{j=1}^{i=1}(1-\pi(j)) \tag{2-5}$$

当 $Y_u(t)$ 和 $Y_r(t)$ 不变时，一个迁移者在城市待的时间越长，他获得工作的机会越大，他的预期收入也越高。按照托达罗的观点，城乡人口流动规模是城乡收入贴现净值的函数，即

$$M=f[V(0)]\quad f'>0 \tag{2-6}$$

若 $V(0)>0$，则迁移者愿意流入城市，城市净流入人口增加；反之，迁移者不愿意流入城市，甚至会从城市流入乡村。

（3）新迁移经济理论

新迁移经济理论（Stark & Bloom，1985）认为，迁移决策并不是独立个体的行为，而是更多人组成的集体（如家庭）寻求预期收益最大化和风险最小化的组织行为。该理论假设：第一，迁移决策并不是独立的个体行为，而是更多相关的人组成的一个更大的单位——通常是家族或者家庭的行为，这是新迁移经济理论区别于托达罗人口迁移模型的关键一点。第二，农村劳动力迁移的主要目标不仅包括预期收入最大化，也包括家庭风险最小化，这里的家庭风险包括农业生产中所面临的不确定气候条件、农产品市场价格变化等。第三，在完善且健全的市场体系和金融制度下，大量的迁移现象将不会

发生，因为农村劳动力可以通过市场体系和金融手段规避农业生产中的风险，稳定农业收益。农村劳动力的迁移是一种规避风险的手段，更是对不健全的市场体系和金融制度的替代。第四，决策受到社会环境的影响。人们总是会把自己的收入与一定的群体进行比较，从而产生满足感或者失落感——当周围亲戚、朋友或邻居的收入比自己高时，会产生一种相对剥夺感，促使农村劳动力发生迁移。

该理论的一个特点是它在更广阔、更复杂和更真实的背景下讨论迁移行为，提供了一种新的视角，其主要思想是：在发展中国家，农户通过家庭成员的迁移，克服了家庭改造和升级生产技术中的两个主要障碍，换句话说，解决了家庭投资资金的缺乏和风险规避工具的短缺等问题（赵燕，2011）。

2.1.3 人力资本理论

人力资本理论起源于 18 世纪的工业革命，由于生产力的极大变革，机械生产代替手工生产，科学技术代替经验工艺，技能培训代替传统师徒传授，人们所具备的知识和技术在生产中的作用越来越大。英国古典政治经济学家亚当·斯密（Adam Smith）在其 1776 年出版的《国富论》中首次提出，人的才能和其他任何种类的资本一样，是重要的生产手段。19 世纪 40 年代，德国经济学家李斯特（Friedrich. List）研究了人的才能在生产中的作用，并提出物质资本和精神资本的概念。李斯特认为，精神资本是智力方面的成果汇聚而成的，一个国家生产能力的高低取决于精神资本的运作。20 世纪 60 年代，美国经济学家舒尔茨（Theodore W. Schultz）和贝克尔（Gary S. Becker）创立了人力资本理论，开辟了关于人类生产能力的崭新思路。该理论认为，物质资本是指物质产品上的资本，包括厂房、机器、设备、原材料、土地、货币和其他有价证券等；而人力资本则是体现在人身上的资本，即对生产者进行教育、职业培训等支出及生产者在接受教育时的机会成本等的总和，表现为蕴含于人身上的各种生产知识、劳动与管理技能，以及健康素质的存量总和。

本书认为，人力资本是指通过人力资本投资形成的、依附在劳动者身上并能为其使用者带来持久性收入来源的劳动能力，是以一定的劳动者的数量和质量为表现形式的非物质资本。一般地，人力资本包括劳动者的知识、技能、体力和健康状况等，具有以下三个方面的含义：第一，人力资本并非指劳动者本身，而是指劳动者所具有的知识、技能及体力等；第二，人力资本的获取或人力资本存量的增加，必须经由有意识地对人力资本的投资才能形成；第三，人力资本是一种能够带来持久性收入的资本，即人力资本具有生产性。人力资本具有以下三个特点：第一，人力资本的载体是人，人力资本与其载体一时一刻也不能分开，这是人力资本与其他一切形式资本最本质的区别；第二，人力资本是投资的产物；第三，人力资本能够为其所有者和使用者带来收益，体现为一种收入能力。

2.1.4 贫困与反贫困理论

人类社会发展的历史，就是一部反贫困的历史，从古至今，贫困问题一直是经济学研究的主题。在我国古代，贫困是指财货的缺乏。早期的西方学者也对贫困进行了解释，如古典政治经济学家亚当·斯密就在其著作《国民财富的性质和原因研究》中阐述了贫富问题，认为“个人在多大程度上享有人生的必需品、便利品及娱乐品，他就在多大程度上富裕或贫困；在社会分工的前提下，个人消费品的获得很大程度上需仰仗他人，因此这种贫富的程度便取决于个人能够支配的劳动的多寡”。马克思和恩格斯从资本主义制度出发，以资本主义剩余价值生产规律和资本再积累的普遍规律为基础，揭示出“由于对私有制的资本剩余价值的追求，会更大程度上无偿占有……，由此产生了无产阶级贫困，并且为了维持资本主义制度的正常运行，资本家会制造出一支相对过剩的……”。

各经济学家从不同角度对贫困问题进行了阐述。发展经济学家罗格纳·纳克斯（Ragnar Nurkse）在其著作《不发达国家的资本形成问题》中提出贫困恶性循环理论。该理论认为，发展中国家贫困及收入低下的根源在于资本投资不足，并且会从供给和需求两个方面形成贫困的恶性循环。在供给方面，会形成“低收入—低储蓄能力—低生产率—低收入”的恶性循环；在需求方面，会形成“低收入—低消费—低投资—低生产率—低收入”的恶性循环。被誉为研究穷人的经济学的美国经济学家西奥多·舒尔茨（1964）从被经济学家忽略的农业领域出发研究贫困问题，认为导致农民贫困和农业不能成为经济增长主要贡献者的不是土地、资本等生产要素，而是传统农业中农民长期使用的技术条件等生产要素，尤其是人的质量或者人力资本要素，因而要提高农业经济收益率，使农民摆脱贫困，就要对表征其人力资本的知识、技术和健康进行投资。主流西方经济学理论的代表、美国著名经济学家保罗·萨缪尔森（Paul A. Samuelson）（1948）在其著作《经济学》中，从发展中国家所共有的低收入水平特征出发，认为这些国家摆脱贫困的障碍在于缺乏结合经济发展的四大要素的条件，其中经济发展的四大要素为人力资源、自然资源、资本和创新。诺贝尔经济学奖得主阿马蒂亚·森（Amartya Sen）从福利经济学的角度，在其著作《以自由看待发展》中指出，自由既是发展的目的，也是促进发展的手段，个人贫困往往会导致对其基本能力的剥夺，并不仅仅表现为其收入水平的低下。马蒂亚·森用能力和收入衡量贫困的思想，拓展了经济学对贫困的定义领域。

作为世界上最大的发展中国家，我国在制度上与其他国家存在一定差异，这决定了我国的贫困和反贫困理论研究有基于自身国情的独特性。首先，共同富裕既是社会主义的本质，也是社会主义制度优越性的体现的理念早已深入理论研究和政策制定的方方面面，成为国内贫困和反贫困理论研究的基础与前提。“三农”领域专家温铁军在广泛调查研究的基础上提出，贫困的本质在于国民经济不同阶段的资源型和制度性条件短缺。由于缺乏独立的金融和工业化条件，贫困主要集中在我国山区和农村，这些地方仍是劳动力、土地和资本的流出地。他还对国内外反贫困的历史经验与教训进行了总结，认为我国20世纪50年代出现的“土地改革”和80年代出现的“家庭联产承包责任制”使农民获得“自主发展权”，对于消除农村贫困和缩小城乡差距发挥了不可替代的作用；而国际上过度城市化与激进的“去乡村化”会形成拉美国家高度城市化和贫民窟集中的陷阱；在人多地少的国家进行土地私有化，也可能导致贫困进一步恶化。农业经济学家李小云在《贫困的终结》一书中指出，人天生具有两种力量：一种是生存性竞争力量，它会产生贫困和差异；另一种是分享的力量，它会对产生的差异加以遏制，最后形成贫困和扶贫或反贫困的结构性问题。贫困问题在于生存性竞争力量会产生社会阶层对差异的固化，以及由现代社会理性的扩张导致的不同种群和国家在物质供给方面的差异。扶贫在于把这种现代化扩张到没有掌握这种现代性伦理的群体和地方。

本书在对上述贫困和反贫困理论进行梳理的过程中发现，尽管领域内专家对贫困问题思考的角度不一、表述不同，但具有以下三点共性：第一，都强调贫困的主体，要么是具有区域特点的主体（如国家、地区），要么是有阶层特点的群体、家庭或个人。第二，都强调客体的缺乏，这类客体包括人类生存发展的物质资源、人类本身具备的生存技能或人力资本、人类发展的制度平台。第三，主体对客体的缺乏程度，形成了缺乏最基本生存需要客体的绝对贫困和落后于同时代大多数人的需求的相对贫困。需要强调的是，贫困地区或阶层缺乏的客体无论是物资资源、人力资本还是发展的制度性安排，按照马斯洛的需求层次理论，都属于人的需求，只是需求的层次有差异。地区和阶层的贫困，换句话说，就是生理性的物质资源未得到满足，健康安全未得到满足，以及自我实现和发展需求未得到充分的制度性安排。反贫困的目的在于使这些需求不断得到满足。

2.2 文献综述

2.2.1 国外研究现状

Kuhnen Frithjof（1961）实证分析了德国的非农就业问题，认为非农就业是德国农场主家庭收入的最重要来源，农场越小，非农收入越重要；而非农收入主要取决于农场主成员对额外职业的渴望、是否存在合适的工作场所、是否存在不需要经营农场的人。

关于非农就业的影响因素，有些学者进行了研究。Bongo Adi（2007）

认为，人力资本和农业气候会显著影响农业与非农业的多元化就业结构，尽管这种多元化就业结构的发生率很高，但农业产值并没有显著下降。Anushree S 等（2012）认为，社会规范、社会网络、受教育程度与性别对非农就业家庭的决策有显著影响。Xie H 和 Lu H（2017）定量考察了土地碎片化和非农劳动力供应对农地经营权流转的影响，结果表明，土地碎片化强化了非农劳动力供应对农业土地外流的影响，而这种影响在女性身上体现得更为明显。

关于非农就业的效应，有些学者进行了研究。Lohmann C 和 Liefner I（2009）基于非农就业数据，实证分析了地理位置对贫困的影响，结果显示，城市周边地区和农村地区收入水平存在明显差异。Fan S 等（2017）认为，非农就业对促进家庭剩余劳动力转移、提高家庭收入有显著影响。Andaleeb R 和 Sumit M（2020）实证分析了印度非农收入对粮食安全的影响，结果显示，非农就业对印度各种粮食安全指标有积极影响。

2.2.2　国内研究现状

国内学者对非农就业问题的研究比国外学者晚，他们主要关注农村劳动力非农就业的特征、非农就业能力评价、非农就业的影响因素、非农就业的效应，以及非农就业与产业结构、城镇化等的关系。

有些学者对农村劳动力非农就业的特征进行了研究。姜长云（1995）以安徽省天长市为例，基于对农户分化问题的系统调查，认为农户主要分化为纯农户、一兼农户、二兼农户、纯非农户、不在户五种类型，且从纯农户到一兼农户、二兼农户再到纯非农户农业劳动力转移的程度趋于提高。刘金海（2005）在进行实证分析后指出，从一个乡村农民非农就业的格局基本上可以看出我国的经济格局、行业布局和发展重点；农民的非农就业已经把农村与整个中国紧密联系在一起。关于非农就业能力评价，张成甦等（2014）运用 AHP 方法构建了非农就业能力综合评价体系，实证了贵州农村劳动力的非农就业能力，并认为该地区农村劳动力的非农就业能力普遍较低。

有些学者对非农就业的影响因素进行了研究。张甫根（2002）对金山区吕巷镇非公经济与非农就业关系进行了案例分析，并认为大力发展非农经济能够促进非农就业。公共投资对农业生产率和非农就业均有显著的正向影响，但不同类型的公共投资对农业生产率和非农就业的影响存在一定差异（杨向阳等，2007），如农村道路基础设施的改善能够显著提升农村劳动力非农就业概率，并且道路基础设施状况好的村庄参与非农就业的劳动力会更多地选择在本村、本乡以及本县实现非农就业（邓蒙芝等，2011）。农村女性人力资本也能增加非农就业收入（周春芳等，2008）。其中：培训是影响农户就业选择和收入增长的一个重要因素，受过培训的农户人均纯收入和劳均纯收入均远远高于没有受过培训的农户；从就业地点来看，经过培训的劳动力容易在本地找到就业机会；从就业时间来看，受过培训的农户非农就业时间要远远高于农业就业时间（任国强等，2009）。那些受教育程度较好、社会资本丰富、家庭负担少、曾经有过务工经历的农户，参加农村劳动力转移培训更有利于实现非农就业（李劲松等，2011）。劳动力自身健康水平和家庭成员健康水平越高，其参与非农就业的概率越高（孙项强等，2015）。农村劳动力普通话水平对非农就业也有显著影响（何洋，2020）。收入差距和农民工就业率决定的城乡预期收入差距是影响农村非农就业规模的主要因素（李石新等，2011）。关系网络主要在个人与市场互动时产生社会资本的一般性影响，而并非通过提供明确的职位信息或为取得职位提供人情帮助（陆益龙，2011）。在西部边疆农村地区，可用社会资本的限制、家庭劳动力在农业生产与非农就业之间合理配置的需求的约束及社会资本本地化的程度抑制了社会资本对非农就业的促进作用（陈瑛等，2012）。尽管社会资本是影响农民收入的重要机制，但社会网络的广泛性即内部网络主要影响农民的农业收入，异质性即外部网络才影响其非农收入（王建，2019）。辛岭等（2009）认为，农村劳动力年龄、劳动力数量、耕地面积、未成年人数、60岁以上老人数量、村集体经济收入、劳动力所在村附近企业数量和地形特征虚拟变量是农村劳动力非农就业的主要影响因素。陆文聪（2011）认为，家庭社会政治地位、劳动比较报酬对兼业农民非农就业行为具有显著影响，但这种影响也显示出明显的性别差异。刘家强等（2011）认为，农民工就业地选择过程具有明显的年龄选择特征和技能遴选效应。家庭农业生产机械化程度越高、非农收入比值越大，农民工选择省外就业的概率越低；居住地经济越发达，农民工越倾向于选择本地就业。程名望等（2012）认为，乡村干部户从事非农产业的倾向性更强，少数民族户和信教户从事非农产业的倾向性较弱。王丹等（2018）认为，补奖政策与牧户非农就业和收入存在倒“U”形关系，当补贴达到一定程度时，会产生收入增长，进而导致休闲需求的增长。柴剑峰等（2019）认为，农牧民家庭健康结构、是否参与合作社、居住地海拔、是否接受非农产业扶持是农牧民非农就业的主要影响因素。张海霞（2020）认为，电子商务发展促进了农民收入增加，但对农户不同类型收入的影响具有异质性，对农户家庭工资性收入、财产性收入和转移性收入均有显著的带动效应，却负向影响了农户的家庭经营性收入。张俊霞（2013）在其博士论文中提出，农村劳动力非农就业不仅取决于宏观经济的发展和非农产业规模的扩大，而且取决于劳动者本身的人力资本水平，为此农村劳动力自身及政府部门要重视教育与培训工作，提高农村劳动力的人力资本存量，进而提高其就业能力。户籍制度、土地制度及城乡不平等的就业制度等在不同程度上制约了农村劳动力的转移，要想更好地促进农村劳动力的非农就业，必须加快制度体制改革，为农村劳动力转移就业创造良好的制度环境。

有些学者对非农就业的效应进行了研究。张贵先等（2006）认为，农民的非农就业对农民收入增长具有巨大的促进作用，是农民收入增长的根本原因。艾春荣等（2010）基于持久收入假说，并利用山东省农户调查数据实证了即使面临流动性约束，农户也能通过非农就业进行调整，维持周期性消费，非农就业与闲暇时间的配置是农户规避收入风险和平滑消费的重要方式。虽然非农就业能够改善家庭收入，促进农村居民家庭消费，但这一促进作用随着家庭消费总支出的提高而逐渐减弱，并且对不同类型产品消费的促进作用存在明显差异（文洪星等，2018）。除此之外，外出打工和非农就业都会通过提高家庭收入增强对子女的经济支持，从而有利于子女获得高中和大学的教育机会（郭琳等，2011）。钱龙等（2016）认为，农户家庭非农就业不利于其农业劳动生产率和土地产出率的提高。万晶晶等（2020）认为，如果忽略农业生产服务外包的影响，非农就业对农地流转市场供给的正向效应与需求的负向效应均会被高估。罗明忠等（2020）认为，非农就业经历有助于提升新型职业农民行为能力，对其农业经营效率也具有显著促进作用。周东洋等（2019）认为，经济发展通过促进农村女性的非农就业间接影响其性别观念；经济发展水平越高的地区，农村女性的性别观念越趋于现代。孙伯驰等（2019）认为，非农就业在总体上可有效降低农村家庭在未来陷入贫困的概率——主要通过提高收入水平和降低收入的不确定性来实现。

就青海省而言，王士勇等（2015）通过对三个自然村的调研，以农户所从事的非农经济活动为切入点，发现地区非农经济活动所创造的平均年收入已经大大超出传统农牧业的收入。农牧民参与最多的非农经济活动为采集虫草和外出从事简单的体力劳动。有政府部门工资性收入的农户家庭并不多，但这部分收入占全部非农收入的比例非常高。采集虫草经济活动是许多农户的主要收入来源，甚至是部分农户的唯一收入来源。景晓芬（2007）通过对青海省某村的调查，研究土族女性在非农就业过程中的角色转变，以及这种角色转变对女性本人和当地生产生活的影响。旅游业的发展在改变她们的经济地位、家庭地位的同时，有助于本民族传统文化的继承和发展。但旅游业的发展也导致了当地女童提早辍学的问题，加重了女性的负担。

现有研究分别从农村劳动力非农就业的特征、非农就业能力评价、非农就业的影响因素、非农就业的效应（如非农就业的减贫效应方面）等方面对非农就业问题进行了深入分析，为我们认识农村劳动力非农就业问题提供了很好的参考，但对于地处经济发展水平较落后的西部且少数民族聚居的青海省及省内各少数民族地区的非农就业问题进行研究的文献较为缺乏，而青海省及省内各少数民族地区的农牧民非农就业的实现对于地区现代农牧业与城镇化的协调发展、地区摆脱相对贫困具有重要意义。基于上述认识，本书对青海省及省内各少数民族地区农牧民非农就业问题进行了系统研究。

2.2.3 研究述评

从不同视角考察农牧民非农就业对其农业生产的影响，可能会得出不同的结论，同时理论假设、研究方法以及数据来源的不同也会使研究结果产生较大差异。

从研究对象来看，本书在探究非农就业对青海省农牧民收入影响的基础上，系统研究了不同分位点下非农就业对农牧民收入的影响。不同于现有文献仅研究一个省份或一个地区的非农就业对农户收入的影响，本书分别考察了一个省份的不同类型地区非农就业对农户收入或农业收入的影响，并在此基础上探究了非农就业性别、非农就业地区、非农就业知识结构等因素对收入的影响程度以及内在机制。

从研究的内容来看，国内关于非农就业对农户农业生产的影响大多关注非农就业对农户农业生产性投资、土地利用和某种农业生计活动产出的影响，而忽视了非农就业作为农户多元化生计策略中的一种生计方式与农户各种农业生计活动之间的内在关系。考虑到农户农业生产要素投入的不可分性和各种生计活动的相互影响，单独考察非农就业对农户某一种作物投入和产出的影响，可能导致模型估计结果出现较大偏误。本书不仅关注非农就业对农牧民生产性活动的影响，也关注农牧民在非农就业活动中所处行业对农牧民收入的影响。本书还分析了非农就业活动与农牧民农业生产活动之间的相互影响。本书研究角度多维，思考全面，为青海省有效解决非农就业问题提供了新思路和新方向。

从研究的区域来看，基于我国农户调查数据，研究农户非农就业问题的相对较少，且使用的调查数据覆盖的区域相对较小，所使用的农户调查样本量也普遍较少，这在一定程度上影响了研究结果的适用性。本书以农户为基本分析单位，全面地分析了在我国消除了绝对贫困的情况下，青海省的农户应如何更好地增加收入、解决地区相对贫困的问题；系统地分析了农户非农就业对家庭收入的改善情况，并丰富了现有文献。本书在分析中使用了覆盖范围较广且在研究区域内具有一定代表性的农户调查样本，研究数据来自国家统计局、青海省统计局、青海省农牧业手册以及田野调查。本书无论是在农户样本量上，还是在现场调查的组织上，都是十分科学完整的，也具有一定的代表性。

从使用的研究方法来看，现有文献的前期研究多采用定性描述、案例研究和简单的描述性统计分析。近年来，随着统计学与计量经济学的较快发展，通过构建统计模型对相关问题进行规范的经验研究的文献逐渐增多。本书采用定性分析和定量分析相结合的方法探究非农就业过程中存在的问题，并提出对策建议。

第3章

青海省农牧民非农就业现状与调查分析

3.1 青海省农牧民非农就业历程及现状

青海省人口的地区及城乡分布特征在客观上决定了其农村劳动力的非农就业分布格局，因此，深入了解青海省人口资源的分布状况对于促进地区劳动力非农就业具有重要意义。

3.1.1 青海省人口地域分布状况及特征

（1）地广人稀，人口地区分布不均

青海省位于我国青藏高原东北部，平均海拔3500米，为我国第四大省级行政区，尽管省域面积辽阔，但较高的海拔使其年均气温较低、无霜期短、积温较低，限制了农业的规模化发展并加大了生产投入，制约了区域内农业对大规模人口的支撑作用，因此省域内人口稀少。青海省内的水资源分布受到地形和海陆因素的制约。其中，雨水资源分布不均，东部沿海地区雨水资源丰富，西部地区深处内陆，雨水资源稀少。青海省是长江、黄河、澜沧江的发源地，素有“三江源”的美称，省内冰川、雪山、河流、湖泊众多，这些河流经过地区常常会形成河谷盆地，这些地方土地肥沃，有利于农业和人口聚集。例如，省内东部地区的湟水河冲刷形成的湟水谷地聚集了青海省近60%的人口。总体而言，青海省地域面积辽阔，但人口总量较少，受雨水资源和海拔的影响，人口分布较为不均，人口主要集中在地势低平、气候温和、土地资源较为肥沃的河谷、湖泊沿岸地区。

青海省省域面积为72万平方千米，占我国国土面积的7.52%。青海省户籍人口数从1978年的364.86万人增加到2020年的573.95万人，增长了近0.6倍，2020年青海省户籍人口数占我国总人口数（141178万人）的0.41%。因此，地广人稀是青海省人口分布最大的特征。青海省人口分布的特征之二是地区分布不均，东部河谷地区人口稠密，山地高海拔地区人口稀疏。据统计，2020年，按照户籍人口计算，东部的西宁市和海东市总户籍人口占到青海省人口的64.70%，按照常住人口计算，东部二市总的常住人口占青海省常住人口的63.84%，这表明青海省超过半数的人口聚集在省内海拔较低、气候较为温和、自然条件较为良好的东部河谷地区。占青海省面积97.12%的海北州、黄南州、海南州、果洛州、玉树州和海西州的人口仅为青海省户籍人口的35.30%、青海省常住人口的36.16%。2020年青海省各市州人口分布情况见表3-1。

表3-1　2020年青海省各市州人口分布情况

地区	户籍人口		常住人口	
	数量（万人）	比重（%）	数量（万人）	比重（%）
青海省	573.95	100.00	607.82	100.00
西宁市	201.36	35.08	238.71	39.27
海东市	170.02	29.62	149.32	24.57
海北州	29.70	5.17	28.49	4.69
黄南州	27.06	4.71	28.02	4.61
海南州	46.69	8.13	47.80	7.86
果洛州	19.72	3.44	21.16	3.48
玉树州	39.19	6.83	42.25	6.95
海西州	40.21	7.01	52.07	8.57

资料来源：2021年《青海统计年鉴》。

为进一步描述青海省内人口资源分布不均的状况，我们以县域空间单元为尺度，对2020年青海省户籍人口分布情况进行分析。

2020年，青海省各县区户籍人口超过40万人的包括湟中县[①]、大通县、

① 2020年7月22日，湟中举行撤县设区大会，湟中县更名为湟中区，为了保持研究的延续性，本书统一使用“湟中县”。

民和县，户籍人口在30万~40万人的县区包括互助县、化隆县，户籍人口在20万~30万人的县区包括城东区、城中区、城西区、城北区、乐都区，结合地形地貌条件，青海省户籍人口超过20万人的县区均处在青海省东部海拔较低的河谷盆地地区；户籍人口在10万~20万人的县区包括湟源县、平安区、循化县、门源县、河南县、玉树市和格尔木市，尽管其中的部分县位于青海省西部或北部，但基本多河流、湖泊或具有丰富的自然资源；其余县区户籍人口均在10万人以下，且基本位于省内海拔较高的中、西、南、北部地区。人口分布不均的特点与青海省西高东低、南北高中间低的地势特征相吻合。

（2）城乡人口地区分布不均

近年来，随着产业结构的升级转型和城市化进程的不断推进，青海省内各地区的人口也在不同产业和城乡间发生着转移，从而形成了比较明显的人口城乡分布不均衡的特点，具体表现为东部和北部城镇人口比重较大，中西部则与之相反，乡村人口比重较大。

据统计，2020年，在青海省常住人口中，城镇人口为337.48万人，占青海省人口的55.52%，乡村人口为270.34万人，占青海省人口的44.48%，城镇人口比重高于乡村人口比重。按户籍人口计算，2020年青海省城镇人口为242.67万人，占青海省户籍人口的41.20%，乡村人口为346.36万人，占青海省户籍人口的58.80%，乡村户籍人口比重显著高于城镇户籍人口比重。乡村户籍人口比重（58.80%）高于乡村常住人口比重（44.48%），表明青海省人口在城乡间流动频繁，体现出明显的乡村人口向城镇流动的人口迁移特征。从各市州的情况来看，无论是按常住人口计算还是按户籍人口计算，作为省会的西宁市和工业发达的海西州城镇人口比重都较高，乡村人口比重都较低；城镇人口比重越低的市州，从乡村向城镇流动的人口迁徙特征越显著，如海东市常住人口和户籍人口城镇化率分别为40.97%、27.12%，相差13.85个百分点。2020年青海省各市州城乡人口分布状况见表3-2。

表 3-2　2020 年青海省各市州城乡人口分布状况

地区	常住人口					户籍人口				
	合计（万人）	城镇人口（万人）	乡村人口（万人）	城镇人口比重（%）	乡村人口比重（%）	合计（万人）	城镇人口（万人）	乡村人口（万人）	城镇人口比重（%）	乡村人口比重（%）
青海省	607.82	337.48	270.34	55.52	44.48	589.03	242.67	346.36	41.20	58.80
西宁市	238.71	173.90	64.81	72.85	27.15	209.37	131.62	77.75	62.86	37.14
海东市	149.32	61.18	88.14	40.97	59.03	172.60	46.81	125.79	27.12	72.88
海北州	28.49	11.43	17.06	40.12	59.88	29.55	8.05	21.50	27.24	72.76
黄南州	28.02	10.79	17.23	38.51	61.49	28.02	7.10	20.92	25.34	74.66
海南州	47.80	21.08	26.72	44.10	55.90	47.15	10.70	36.45	22.69	77.31
果洛州	21.16	5.93	15.23	28.02	71.98	20.41	3.37	17.04	16.51	83.49
玉树州	42.25	15.57	26.68	36.85	63.15	41.53	7.12	34.41	17.14	82.86
海西州	52.07	37.60	14.47	72.21	27.79	40.38	27.89	12.49	69.06	30.94

资料来源：2021 年《青海统计年鉴》。

我们仍以县域空间单元为尺度，对 2020 年青海省户籍人口城乡分布情况进行分析。

青海省户籍人口城镇化水平超过 70%的地区包括西宁市的城东区、城中区、城西区、城北区，海西州的格尔木市和乌兰县。按城镇化发展阶段划分，这些区域处于城镇化稳定发展阶段。青海省户籍人口城镇化水平为 30%～70%的县区包括东部的大通县、湟源县、乐都区、平安区，北部的德令哈市和天峻县，东北部的海晏县、祁连县、刚察县，南部的玛沁县及东南部的同仁市。按照城市化发展阶段划分，这些区域处于城镇化快速发展时期，吸纳劳动力的能力较强。青海省内大部分县区城镇化水平低于 30%，处于城镇化发展的初始阶段，乡村人口占绝对优势，生产力水平较为低下，就业机会较为缺乏，对农村劳动力的吸纳能力较差。总体来说，青海省内除东部、北部和南部少部分县区城镇化水平较高以外，大部分中、西部地区城镇人口比重较低，乡村人口比重占绝对优势。

3.1.2　青海省农牧民非农就业历程及特征

农村劳动力非农就业状况和特征不仅取决于受地理环境支配的人口资源分布状况，还受到历史因素的制约，描述改革开放以来青海省农牧民非农就业历程，有助于我们更加清晰地把握该地区农村劳动力非农就业的现状和特征。

(1) 农村劳动力非农就业总体呈现上升趋势

如图 3-1 所示，1978 年以来青海省农村劳动力非农就业总体呈现上升趋势。据统计，1978 年青海省农村劳动力非农就业人口仅占农村劳动力就业人口的 1.52%，到了 2020 年，该比例上升为 45.61%，40 多年的时间，增加了 44.09 个百分点；非农就业人口从 1978 年的 1.48 万人增加到 2020 年的 97.14 万人，40 多年的时间，增长了近 65 倍①。究其根本，青海省农村劳动力非农就业比重呈现的上升趋势与省内产业结构的演进特征高度相关。

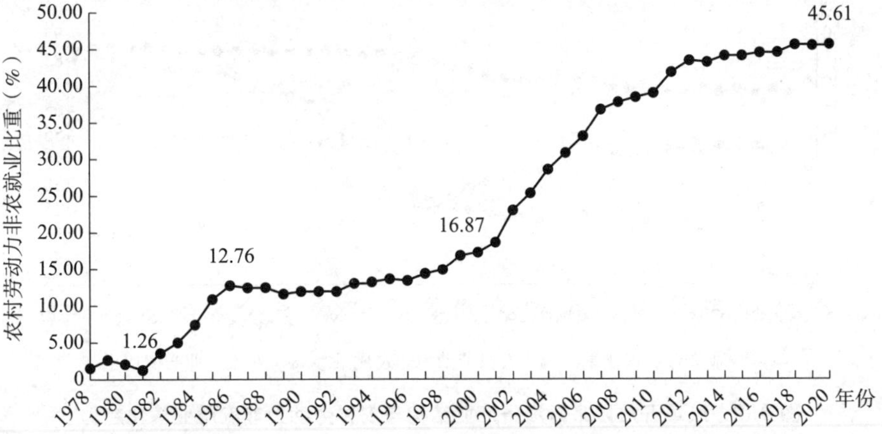

图 3-1　改革开放以来青海省农村劳动力非农就业阶段性历程

改革开放 40 多年来，青海省农业与非农产业结构发生了根本性的变化，如图 3-2 所示。总体来说，青海省农业即农、林、牧、渔业产值比重呈现显著的下降趋势。非农产业包括第二产业（工业和建筑业）、第三产业（交通运输、邮电通信和批发零售、住宿餐饮业等服务产业）的产值比重呈现显著的

① 根据 2021 年《青海统计年鉴》相关数据计算得出。

上升趋势。根据刘易斯二元结构模型，非农部门的相对劳动生产率和收益率高于农业部门，出现了劳动力从生产效率较低的农业部门向生产效率较高的非农部门转移的潜在趋势；随着生产力水平的提升和经济社会的发展，整个社会生产效率提升，农业部门生产效率也相应提高，在农业土地资源不变的前提下，农村剩余劳动力问题开始出现。与此同时，区域产业结构也按照经济社会发展的阶段由第一产业主导向第二、第三产业主导转变，第二、第三产业的发展为农村剩余劳动力非农就业提供了直接的现实条件。随着区域生产力的发展，农业和非农产业结构的演进促进了地区农村劳动力的非农就业，并且农业和非农产业结构的演进特征在很大程度上决定了地区农村劳动力非农就业的趋势特征。因此，青海省农村劳动力非农就业比重所呈现的不断上升的趋势与地区农业产值比重不断下降和非农产业产值比重不断上升的产业结构演变息息相关。

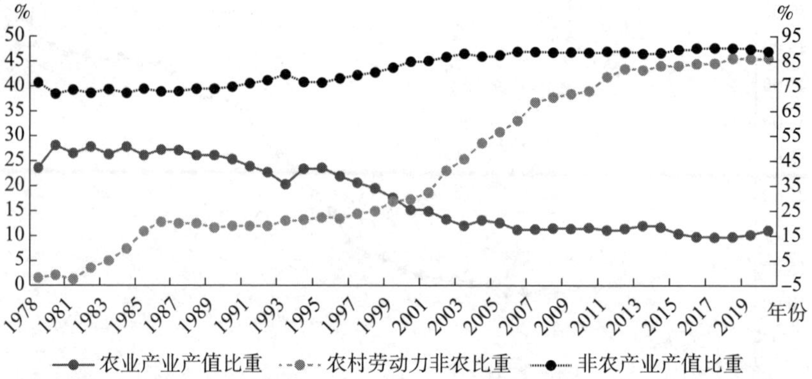

图 3-2 改革开放以来青海省产业结构与农村劳动力非农就业演化趋势

资料来源：历年《青海统计年鉴》。

（2）农村劳动力非农就业呈现出典型的阶段性特征

改革开放以来，青海省农村劳动力非农就业比重在保持总体上升趋势的同时，也呈现出典型的阶段性特征，具体可分为五个阶段：农村劳动力非农就业徘徊期（1978—1981 年），农村劳动力非农就业第一个快速增长期（1982—1986 年），农村劳动力非农就业第一个稳定增长期（1987—1999 年），农村劳动力非农就业第二个快速增长期（2000—2010 年），农村劳动力非农就业第二个稳定增长期（2011—2020 年）。

农村劳动力非农就业徘徊期（1978—1981 年）。新中国成立初期，我国确定了高度集中的计划经济体制。在经济结构中，国有经济占支配地位；在城乡结构中，由于城乡户籍分割制度的实行，我国各个地区的城乡呈现出各自封闭的发展状态，特别是广大农村，一直保持着单一的农业生产结构，即使是改革开放初期，我国广大农村地区的农民依然受到这种单一的农业生产结构的束缚，发展非农产业、非农就业的思想未得到彻底解放。地处我国西北内陆高原地区的青海省也不例外。与我国其他省份相比，青海省人口稀少，经济发展落后，发展非农产业的经济社会资源较为缺乏，非农产业发展较慢，对农村劳动力的吸纳能力较弱。尽管青海省内平均海拔较高，大部分地区自然环境恶劣，但是地广人稀的特点使其农牧业发展不存在较为严重的“人多地少”的制约。因此，在改革开放初期，青海省农村劳动力非农就业比重基本处于徘徊不前的状态。

农村劳动力非农就业第一个快速增长期（1982—1986 年）。家庭联产承包责任制的提出和在全国推行打开了农村改革的局面，使农村生产力得到极大解放，生产效率显著提升；乡镇企业、个体经济等非农经济活动开始出现，农业生产效率提升带来的劳动力剩余恰巧满足了非农经济活动对劳动力的需要，这一阶段全国各地区包括青海省农村劳动力的非农就业比重迅速增长。据统计，1982—1986 年，青海省农、牧业生产总值分别增长了 57%和 99%，尤其是农村家庭副业，表现出较为迅速的增长态势，6 年间增长了 7 倍；农村家庭副业中的兼营工业生产总值增长更为迅速，与 1982 年相比，1986 年青海省农村家庭兼营工业生产总值增长了 50 倍，兼营工业生产总值在农业总产值中的占比从 1982 年的 0.1%提升到 1986 年的 3.5%。农村家庭副业尤其是兼营工业的迅速发展是促进该阶段青海省农村劳动力非农就业比重快速提高的重要因素。

农村劳动力非农就业第一个稳定增长期（1987—1999 年）。在生产力水平一定的条件下，农村地区的经济体制改革使劳动力、土地和资金等其他生产资料得到优化重组，实现了地区经济社会的较快发展和经济结构及就业结构的迅速调整，但当其发展到一定阶段后，由于生产力水平，劳动力、资金及技术等生产资料的束缚，这种结构和趋势会呈现出边际递减的状态。青海省地处我国经济发展水平较为落后的西部地区，在1982—1986年，经历了非农经济活动快速增长的阶段后，在1987—1999年，农村非农经济活动以及农村劳动力非农就业比重呈现出稳定增长态势。

农村劳动力非农就业第二个快速增长期（2000—2010年）。为了缓解区域发展不平衡、促进区域协调发展，2000年以来，我国实施了促进西部经济社会发展的西部大开发战略。青海省属于西部大开发战略实施的重要省份之一。西部大开发战略的实施，使青海省经济社会发展中存在的缺乏资金、技术、人力资本、政策等瓶颈得到明显突破——农村基础设施得以改善，地区经济结构有所调整，生产力水平显著提升，农村劳动力非农就业渠道增加。据统计，2000—2010年，青海省固定资产投资额从154.83亿元增加到1068.73亿元，增长了6倍；第二产业中的工业产值比重从2000年的29.9%上升到2010年的45.4%；省内非农产业吸纳劳动力的能力大大增加。由此，青海省农村劳动力非农就业迎来第二个快速增长时期。

农村劳动力非农就业第二个稳定增长期（2011—2020年）。随着经济社会的发展，我国各地相继迎来经济增长的阶段性变革，从高速增长阶段迈向高质量发展阶段。在生态资源丰富的青海省，单纯追求经济的快速增长难以为继，为了实现可持续的经济高质量发展，经济结构必然向适应生态发展规律的方向调整，对于不适应生态发展规律的非农经济活动，应予以约束。青海省结合自身生产力发展的现实条件，积极主动地发展适应生态发展规律的非农经济活动的能力尚不充分。因此，2011年以来，青海省农村劳动力非农就业比重增长态势较为缓慢，进入第二个稳定增长阶段。

3.1.3 青海省农牧民非农就业调查分析

（1）青海省农牧民非农就业现状调查问卷说明

为了了解和把握青海省农牧民非农就业特征，本书根据前期的文献调研资料，结合青海省农牧民非农就业实际，设计了调查问卷。调查问卷内容主要是青海省农牧民非农就业特征，具体包括：建业特征、地区特征、行业特征；农牧民个人基本信息、家庭基本信息；农牧民非农就业的宏观、微观影响因素，如家庭资产、家庭政治资本、社会资本、所在村庄情况及政策因素；农牧民非农就业对家庭和个人收入、消费的影响；农牧民非农就业对农牧业生产率、子女教育的影响；农牧民非农就业是否会显著影响农牧民家庭的贫困脆弱性。问卷采用分层抽样和随机抽样相结合的方法，在市州层面，以历年农牧民非农就业比重为基础，采取分层抽样；在县、乡和村层面，主要采用随机抽样的方法，对于非农就业比重较大的县及乡镇，以分层抽样为辅助。此次调研共发放问卷450份，回收问卷425份，最终有效问卷410份。各市州回收的有效问卷情况见表3-3。

表3-3　青海省各市州农牧民非农就业回收的有效问卷情况

地区	西宁市	海东市	海北州	黄南州	海南州	果洛州	玉树州	海西州	合计
数量（份）	21	76	57	94	42	28	59	33	410
比重（%）	5.12	18.54	13.90	22.93	10.24	6.83	14.39	8.05	100.00

在410份问卷中，西宁市和海东市占比之和为23.66%，海东市占比为18.54%，西宁市占比为5.12%；其余6个自治州占比之和为76.34%，其中，黄南州、玉树州、海北州和海南州占比分别为22.93%、14.39%、13.90%和10.24%，海西州和果洛州占比分别为8.05%和6.83%。

在抽样调查样本中，男性占比为63.90%，女性占比为36.10%，可见，受访对象中男性居多；农业户口占比为81.22%，结合实际情况，本次调研也对少部分非农业户口的农牧民进行了抽样访问，这部分受访者占比为18.78%，见表3-4。

表3-4　青海省各市州农牧民非农就业调查问卷中受访者性别与户籍状况

性别	比重（%）	户籍	比重（%）
男	63.90	农业户口	81.22
女	36.10	非农业户口	18.78

在抽样调查样本中，受访者年龄主要集中在16~60岁，占到抽样调查样

本的 94.14%。具体来看，16~25 岁、26~40 岁和 41~60 岁的受访者占比分别为 37.80%、21.95%和 34.39%，而 16 岁以下和 60 岁以上的受访者分别仅占抽样调查样本的 0.49%和 5.37%。抽样调查样本中的受访者年龄结构之所以会出现青壮年劳动力占比较高的情况，是因为此次调研在进行抽样调查时，尽可能针对受访者所在家庭户主进行调查，这样更能反映农牧民及其家庭的非农就业状况。青海省各市州农牧民非农就业调查问卷中受访者年龄与民族状况见表 3-5。

表 3-5　青海省各市州农牧民非农就业调查问卷中受访者年龄与民族状况

年龄	比重（%）	民族	比重（%）
16 岁以下	0.49	汉族	18.54
16~25 岁	37.80	回族	9.51
26~40 岁	21.95	藏族	56.34
41~60 岁	34.39	蒙古族	14.15
60 岁以上	5.37	其他少数民族	1.46

在抽样调查样本中，大专及以上学历的受访者所占比重为 30.98%，初中及以下学历和没有上过学的受访者所占比重分别为 30.24%和 24.88%，普通高中和职高或技校学历的受访者占比之和为 13.90%，该抽样样本照顾到了不同教育程度的受访者，能够全面反映青海省农牧民的非农就业状况。除此之外，在婚姻状况方面，已婚受访者占到 54.15%，未婚受访者占到 39.27%，离婚和丧偶的受访者所占比重分别为 4.15%和 2.43%。青海省各市州农牧民非农就业调查问卷中受教育程度和婚姻状况见表 3-6。

表 3-6　青海省各市州农牧民非农就业调查问卷中受教育程度和婚姻状况

受教育程度	比重（%）	婚姻状况	比重（%）
没有上过学	24.88	未婚	39.27
初中及以下	30.24	已婚	54.15
普通高中	8.29	离婚	4.15
职高或技校	5.61	丧偶	2.43
大专及以上	30.98		

以上是对青海省农牧民非农就业情况进行问卷抽样调查的基本说明。现

总结如下：问卷采用分层抽样和随机抽样相结合的方法，得到有效问卷 410 份，问卷中男性受访者占多数，受访者基本为具有农业户口的农牧民，绝大多数受访者年龄为 16~60 岁，以藏族、汉族、回族和蒙古族为主，已婚受访者过半，从受教育程度来看，大专及以上、初中及以下学历的受访者占绝大多数。

（2）青海省农牧民非农就业现状及特征

本书对青海省农牧民非农就业现状和特征的描述主要基于对省内 6 个自治州和 2 个市所做的田野调查资料。本书对 6 州 2 市农牧民非农就业现状和特征进行了统计整理。

首先，青海省农牧民的就业活动比较单一，兼业活动并非主要形式。

由表 3-7 可知，受访者中单纯从事农业、牧业和非农业的在抽样调查样本中的比重分别为 30. 24%、22. 68%和 29. 76%；农牧业混合经营的受访者占到抽样调查样本的 7. 07%；从事农业和非农业、牧业和非农业、农牧业和非农业等兼业活动的受访农牧民分别占到抽样调查样本的 5. 12%、3. 41%和 1. 71%，比重大大低于单纯从事农业、牧业和非农业的农牧民。这表明，青海省农牧民的就业活动比较单一，混合就业或兼业在该地区并非主要的就业形式。

表 3-7　青海农牧民非农就业调查问卷中农牧民非农就业状况

农牧民就业类型	数量（人）	比重（%）
仅从事农业	124	30. 24
仅从事牧业	93	22. 68
仅从事非农业	122	29. 76
从事农业和牧业	29	7. 07
从事农业和非农业	21	5. 12
从事牧业和非农业	14	3. 41
从事农牧业和非农业	7	1. 71

通过对非农就业农牧民的进一步调查可以发现，地区农牧民非农就业表现出明显的地域和行业特征。

其次，青海省农牧民更偏向于在本地进行非农就业。

从非农就业活动地域来看，在非农就业的受访农牧民中，在本乡镇就业的占到了30.86%，在本县（县级市）就业的比重为32.10%，在省内各州（市）就业的比重为30.86%，在省外就业的受访者仅占抽样调查样本的6.17%。可见，地区农牧民更偏向于在本地从事非农就业活动。为了弄清青海省农牧民本地非农就业活动特征背后的原因，课题组进行了深入的调查，发现地区农牧民普遍认为无论是在本乡镇、本县（县级市）还是本省各州（市）从事非农就业活动，都具有离家较近、语言沟通便利和工作环境熟悉等特征。除此之外，较高的收入水平、较多的就业机会以及较为优质的教育资源是地区农牧民选择在省内各州（市）从事非农就业活动的重要原因。课题组对选择在本省各州（市）从事非农就业活动的农牧民进行的调查发现，近1/3的农牧民认为自己选择到本省各州（市）从事非农就业活动有三个原因：一是受到该地区较高收入水平的吸引；二是非农就业机会较多；三是子女可以获得更优质的教育资源。对于选择在省外从事非农就业活动的农牧民，近一半的受访者表示是为了追求更高的收入。

最后，青海省较多农牧民从事对知识、技能要求较低的非农行业。

为了更清晰地分析青海省非农就业的具体情况，我们将非农行业细分为建筑施工行业、虫草挖掘、商业贸易等具体的行业（工种）。相关文献及参考资料中对行业的表述不完全一致，本书不作严格区分。抽样调查结果（如图3-3所示）显示，15.85%的农牧民会依托当地虫草资源，进行虫草的挖掘和销售。在建筑施工行业就业的农牧民占到抽样调查样本中非农就业人数的17.07%。更多的农牧民选择从事对知识和技能要求不太高的服务行业（如商业贸易，酒店餐饮娱乐业，家政服务、社区公共服务，服装纺织业），这些非农行业的从业者占到抽样调查样本中非农就业人数的47.56%。农牧民中在政府等行政事业单位、银行等金融行业以及医疗保健行业等对知识和技能要求较高的行业工作的比重较低，仅占到抽样调查样本中非农就业人数的14.03%；从事绘画、木工、裁缝、石匠等传统工作的农牧民较少，仅占到抽样调查样本中非农就业人数的2.44%。在非农就业行业选择上，青海省农牧民主要倾向于低技能和知识密度较低的非农产业，对知识、技能要求较高的行业所占比重较低，传统手工行业所占比重也较低。

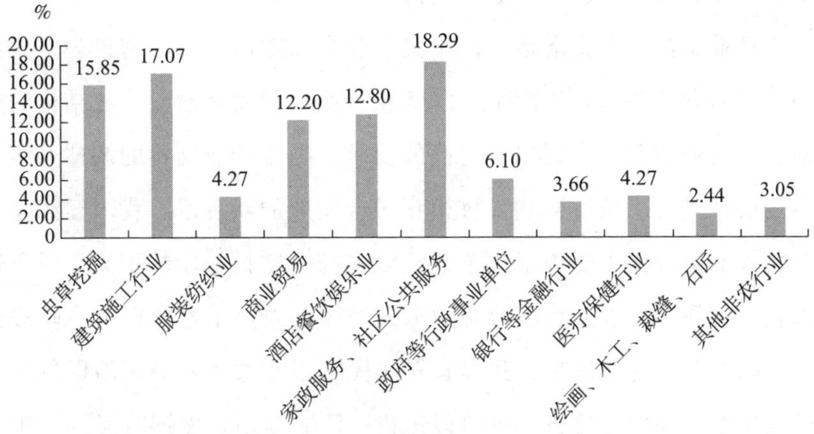

图 3-3　青海农牧民非农就业行业所占比重

3.2　青海省农牧民非农就业能力评价

3.2.1　青海省农牧民非农就业能力评价方法选择

就业是重要的民生问题之一，就业所获得的劳动报酬对劳动者个人及家庭来说，意味着衣食住行等基本生活需求有了现实的物质基础，而持续稳定的就业则意味着基本的物质需求能得到稳定可靠的满足与保障。除此之外，若劳动者在保持持续稳定就业的基础上，能够实现更加理想的就业，则会对劳动者个人的发展及家庭生活水平的改善产生显著的促进作用。对一个国家或地区来说，就业问题同时也是发展问题，就业使劳动者身上的劳动力资源与其他生产要素相结合，有助于创造社会财富，因此劳动者实现就业意味着劳动力资源得到合理的配置和充分的利用，这也直接决定着地区宏观经济和社会的发展状况。

随着生产力的发展，我国经济社会迈入高质量发展阶段，与经济高速增长的粗放型发展阶段相比，该阶段在强调生产要素数量的同时，对生产要素质量的要求更高，尤其是对劳动力资源质量的要求。据统计，2020 年我国三次产业结构中，第二、第三产业分别占到了37.80%和54.50%，表明非农产业在三次产业结构中占支配地位；非农产业中以知识和智力密集为主要特征的高技术产业规模近20年来增长了15倍，高质量发展阶段产业结构的升级调整对劳动者的劳动能力提出了更高的要求。随着产业结构的调整升级，我国城乡发展也进入了城市群和乡村相互融合发展的新阶段。我国经济高质量发展新阶段的出现，主要源于改革开放以来高速增长阶段的积累。回顾这一高速增长历程我们发现，我国特有的工人群体即农民工群体在这一阶段做出了突出贡献。改革开放以来，我国农村农民大量非农就业极大地促进了我国经济的高速增长和向高质量发展阶段迈进，同时高质量发展阶段的出现对我国广大农村农民非农就业提出了更高的要求。据估计，2020年我国仍有农民工2.8560亿人，其中本地农民工1.1601亿人，外地农民工1.6959亿人。尽管我国经济发展进入新的阶段，但这部分劳动力仍是农业和非农产业、城乡之间最重要的纽带，农村劳动力的非农就业依然是促进我国经济高质量发展和城乡协调发展的重要力量。从微观角度来看，尽管我国经济发展进入了新的阶段，但是广大农民实现持续稳定且更为理想的非农就业，以提高个人收入水平、改善家庭生活状况及促进个人和家庭成员更好发展的愿望依然甚至更加强烈。因此，在新时期，提高我国农民工和农村地区潜在非农就业群体的非农就业能力，对于提高其收入水平和改善其家庭生活状况，满足地区经济高质量发展对更高劳动力素质的要求，促进地区经济高质量发展、城乡进一步协调发展具有重要的现实意义。

由于自然地理和社会历史条件的差异，我国仍然面临着突出的区域和城乡发展不平衡的问题。我国西部经济社会发展较为落后的青海省，面对较为落后的经济发展状况和更大的城乡发展差距，广大农牧民实现非农就业、提高收入、改善家庭生活条件、促进个人和家庭更好发展的愿望更加强烈。但地区农牧民在非农就业过程中受到高质量发展背景下对更高劳动力素质要求的约束也更为突出，因此，为了促进地区农牧民更加持续稳定和更为理想的非农就业，提高地区农牧民非农就业能力尤为关键。提高地区农牧民非农就业能力的前提是了解和把握地区农牧民非农就业的现实能力，对农牧民非农就业过程中较为脆弱的方面进行有的放矢地提升，以便更有效地促进非农就业。本书对青海省农牧民非农就业能力进行系统客观的评价，以准确了解和把握地区农牧民非农就业能力水平与在非农就业过程中的优劣势，为地区农牧民非农就业能力的针对性提升提供科学依据，促进地区农牧民更为持续稳定和理想的非农就业，促进城乡经济进一步协调发展。

非农就业能力评价的前提是理解非农就业能力的内涵，而非农就业能力归根结底是指劳动者获得工作并维持就业的能力，这种能力作用于劳动者所从事的非农就业活动。为了更加全面而具体地评价青海省农牧民的非农就业能力，本书借鉴了 Mcquaid 和 Lindasy（2005）对就业能力评价的分析框架以及张成甦和宋山梅（2014）提出的非农就业能力评价体系。Mcquaid 和 Lindasy（2005）提出的就业能力评价分析框架分为三个相互联系的层面，分别是包括就业技能、幸福状态、工作搜寻等的个体层面，由家庭环境、资源等构成的环境层面，以及由劳动力市场特点、宏观经济需求因素、就业政策等构成的外部因素层面。张成甦和宋山梅（2014）提出的非农就业能力评价体系包括个人基本特征、人力资本、家庭环境因素和个体适应性及自我认同四个方面。个人基本特征具体包括劳动者的性别、年龄、务工年限、吃苦耐劳特征；人力资本包括劳动者的受教育程度、健康状况、培训情况、技能掌握情况；家庭环境因素包括家庭经济状况、家庭所在村域或县域经济发展水平、父母文化水平；个体适应性及自我认同包括获取工作信息难度、吃苦耐劳特征、社会地位、人际交往能力、对未来的规划。我们发现，已有文献在对非农就业能力进行评价时，主要运用了因子分析等客观权重评价方法或层次分析（张成甦等，2014）等主观权重评价方法，较少运用主客观相结合的评价方法。本书在参考文献中关于劳动者非农就业能力评价的基础上，运用主成分分析和熵权法等主客观相结合的方法确定指标权重，以准确评价青海省农牧民非农就业能力水平，把握地区农牧民非农就业的优劣势，为地区农牧民非农就业能力的针对性提升提供科学依据。

3.2.2 青海省农牧民非农就业能力评价体系构建

（1）青海省农牧民非农就业能力指标选取

为了对青海省农牧民非农就业能力进行全面评价，本书选取农牧民个人基本特征、人力资本、社会资本及环境因素四个层面的信息，具体包括17个指标。其中，反映农牧民个人基本特征的指标包括性别、年龄、吃苦耐劳品质、未来规划清晰度；反映农牧民人力资本的指标包括农牧民受教育程度、掌握技能情况、健康水平、技能培训情况及普通话水平。此外，本书用人际交往水平、获取工作信息难度、朋友数量及亲戚数量等指标来反映农牧民非农就业社会资本状况，用家庭成员最高学历、家庭成员普通话水平、所在村域经济发展水平及周围邻居对非农就业的态度等指标表征农牧民非农就业环境因素。

从个人基本特征层面指标来看，根据调研情况，在参与非农活动过程中，性别、年龄指标往往会影响青海省农牧民非农就业的行业选择，女性农牧民大多从事餐饮、家政等服务行业，男性农牧民大多从事工业、建筑业等重体力行业，新一代农牧民多数选择在餐饮、住宿、娱乐、商贸、物流等行业就业，吃苦耐劳品质和未来规划清晰度对农牧民持续稳定和更为理想的非农就业具有重要影响。个人基本特征的差异在很大程度上决定了农牧民非农就业能力的差别。

从人力资本层面指标来看，农牧民前期的受教育程度越高，接受的培训和掌握的技能越多，健康水平越高，普通话水平越高，越有利于农牧民非农就业的实现和非农就业活动的持续。

从社会资本层面指标来看，根据调研结果，农牧民人际交往水平与非农就业职位获得和所从事的就业活动的稳定性具有很大的相关性。调研结果显示，通过自己和亲戚朋友介绍找工作的农牧民分别占调查样本的67%和17%，这表明亲戚朋友等社会资本在农牧民非农就业过程中扮演着重要角色。

从环境因素层面指标来看，根据调研情况，家庭成员学历越高或普通话水平越高，农牧民非农就业的倾向性越大。所在村域经济发展水平和周围邻居对非农就业的态度等因素也影响着地区农牧民的非农就业状况。

（2）青海省农牧民非农就业能力评价指标数据来源与说明

数据来源：本书数据来源于课题组 2020 年 12 月至 2021 年 3 月对青海省六个自治州和两个市农牧民的抽样调查问卷。根据各州（市）非农就业统计数据，采用分层抽样和随机抽样相结合的方法，共发放问卷 450 份，回收问卷 425 份，最终有效问卷 410 份。

指标赋值说明：为了使量纲不同的数据能够进行比较，我们对指标统一赋值为 0~1，对接下来要构建的指标权重进行归一化处理，各指标赋值见表 3-8。

表 3-8　青海省农牧民非农就业能力评价各指标赋值情况

准则层	指标	指标赋值
个人基本特征	性别	男性：0.61；女性：0.39
	年龄	16 岁以下：0；16~25 岁和 60 岁以上：0.2；26~40 岁和 41~60 岁：0.3
	吃苦耐劳品质	非常差：0；比较差：0.1；一般：0.2；较好：0.3；很好：0.4
	未来规划清晰度	完全没有考虑：0；很少考虑：0.1；走一步看一步：0.2；大致规划：0.3；详细规划：0.4
人力资本	受教育程度	文盲：0；初中及以下：0.1；职高或技校及普通高中：0.2；大专及以上：0.5
	掌握技能情况	没有：0；不熟练：0.1；一般：0.2；较熟练：0.3；很熟练：0.4
	健康水平	很不健康：0；不健康：0.1；一般：0.2；比较健康：0.3；很健康：0.4
	技能培训情况	没有参加：0；参加一次：0.1；参加两次：0.2；参加三次：0.3；参加四次及以上：0.4
	普通话水平	非常差：0；比较差：0.1；一般：0.2；较好：0.3；很好：0.4
环境因素	家庭成员最高学历	文盲：0；初中及以下：0.1；职高或技校及普通高中：0.2；大专及以上：0.5
	家庭成员普通话水平	非常差：0；比较差：0.1；一般：0.2；较好：0.3；很好：0.4
	所在村域经济发展水平	非常落后：0；比较落后：0.1；一般：0.2；比较富裕：0.3；富裕：0.4
	周围邻居对非农就业的态度	强烈反对：0；反对：0.1；中立：0.2；比较支持：0.3；很支持：0.4

续表

准则层	指标	指标赋值
社会资本	人际交往水平	几乎不与人交往：0；很少与人交往：0.2；乐于与人交往：0.3；乐于与人交往且朋友多：0.5
	获取工作信息难度	不可获得：0；较难获得：0.1；一般：0.2；比较容易：0.3；很容易：0.4
	朋友数量	5人及以下：0.1；6～10人：0.2；11～20人：0.3；20人以上：0.4
	亲戚数量	5人及以下：0.1；6～10人：0.2；11～20人：0.3；20人以上：0.4

（3）青海省农牧民非农就业能力评价体系构建

青海省农牧民非农就业能力评价体系说明如下：

目标层A：非农就业能力。

准则层B：个人基本特征（B1）、人力资本（B2）、社会资本（B3）及环境因素（B4）。

指标层C：性别（C11）、年龄（C12）、吃苦耐劳品质（C13）、未来规划清晰度（C14）、受教育程度（C21）、掌握技能情况（C22）、健康水平（C23）、技能培训情况（C24）、普通话水平（C25）、人际交往水平（C31）、获取工作信息难度（C32）、朋友数量（C33）、亲戚数量（C34）、家庭成员最高学历（C41）、家庭成员普通话水平（C42）、所在村域经济发展水平（C43）及周围邻居对非农就业的态度（C44）。

青海省农牧民非农就业能力评价指标体系如图3-4所示。

评价指标权重为主客观组合权重。本书分别采用主成分分析和熵权法确定青海省农牧民非农就业能力评价指标的主客观权重，再利用最小信息熵原理确定指标体系的优化组合权重，具体思路如下：

采用层次分析法确定各指标的主观权重。青海省农牧民非农就业能力综合评价体系包括目标层、准则层、指标层的17个表征指标。根据美国运筹学家T. L. Saaty提出的两两比较打分原则，构建准则层基于目标层、指标层基于准则层的逐层判断矩阵，求出各个层级对于上一层级的指标权重，进行一致

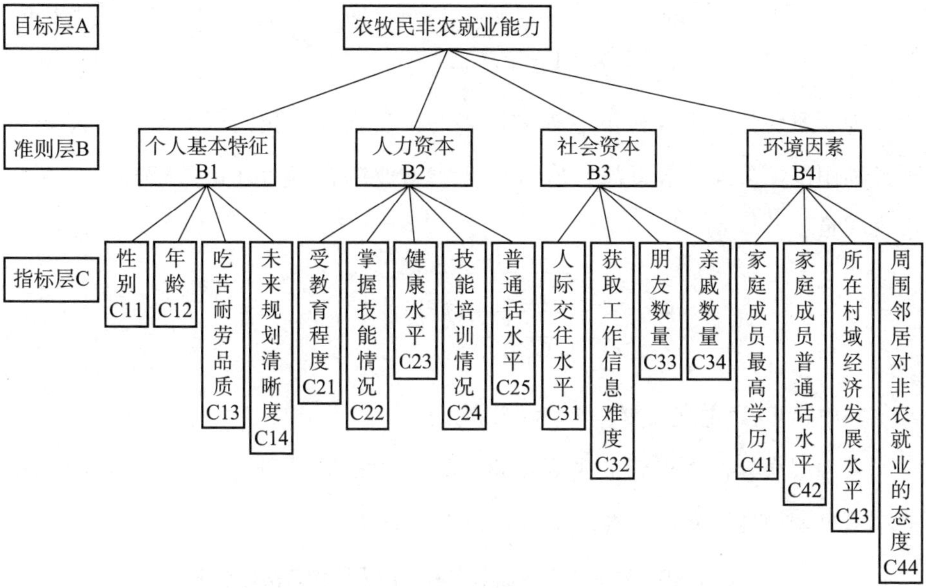

图 3-4　青海农牧民非农就业能力评价指标体系

性检验，在通过层次单排序下一致性检验的基础上，求出指标层 17 个指标直接对非农就业能力的权重。一致性检验结果见表 3-9。

表 3-9　层次分析法一致性检验结果

一致性检验层级	CR 值	比较
准则层对目标层	0. 006	<0. 1
个人基本特征（准则层）	0. 078	<0. 1
人力资本（准则层）	0. 023	<0. 1
环境因素（准则层）	0. 080	<0. 1
社会资本（准则层）	0. 026	<0. 1
指标层对准则层	0. 032	<0. 1

采用熵权法确定各指标的客观权重。在对各指标进行统一赋值的基础上，结合指标数据本身的特点和信息熵原理，利用以下公式得到 17 个指标对于农牧民非农就业能力的客观权重。先对指标数值列向量进行归一化处理：

$$E_j = -\frac{1}{\ln(n)}\sum_{i=1}^{n} P_{ij}\ln(P_{ij}),\ j = 1,\ 2,\ \cdots,\ m \tag{3-1}$$

$$W_j = \frac{1 - E_j}{\sum_{j=1}^{m}(1 - E_j)},\ j = 1,\ 2,\ \cdots,\ m \tag{3-2}$$

为了避免计算组合权重过程中过多的信息损失，我们根据最小信息熵原理，利用以下公式计算青海省农牧民非农就业综合能力评价各指标的主客观组合权重：

$$W_j = \frac{\sqrt{W_{1j}W_{2j}}}{\sum_{j=1}^{m}\sqrt{W_{1j}W_{2j}}},\ j = 1,\ 2,\ \cdots,\ m$$

其中，W_{1j}为主观权重，W_{2j}为客观权重。

采用层次分析法得到的主观权重、采用熵权法得到的客观权重以及采用最小信息熵原理得到的主客观组合权重见表3-10。

表3-10　青海省农牧民非农就业能力评价各指标权重

准则层	指标	主观权重	客观权重	组合权重
个人基本特征（0.089）	性别	0.012	0.004	0.008
	年龄	0.041	0.005	0.016
	吃苦耐劳品质	0.026	0.028	0.031
	未来规划清晰度	0.028	0.022	0.029
人力资本（0.575）	受教育程度	0.196	0.166	0.213
	掌握技能情况	0.065	0.031	0.052
	健康水平	0.167	0.025	0.076
	技能培训情况	0.041	0.240	0.117
	普通话水平	0.060	0.097	0.090
环境因素（0.126）	家庭成员最高学历	0.021	0.043	0.082
	家庭成员普通话水平	0.007	0.107	0.075
	所在村域经济发展水平	0.018	0.071	0.098
	周围邻居对非农就业的态度	0.004	0.019	0.025
社会资本（0.210）	人际交往水平	0.128	0.012	0.020
	获取工作信息难度	0.037	0.095	0.030
	朋友数量	0.083	0.015	0.018
	亲戚数量	0.059	0.022	0.018

3.2.3　青海省农牧民非农就业能力差异评价

利用赋值后的各指标值和组合权重，我们在计算青海省农牧民总体非农就业能力的基础上，根据行政地区、农牧民是否非农就业及是否本地非农就业分组，计算各组农牧民的非农就业能力，比较农牧民的非农就业能力在各地区、就业类型及非农就业地域上的异同，为有的放矢地提升省内农牧民非农就业能力提供依据。

（1）农牧民非农就业能力的地区差异

根据测算，青海省农牧民非农就业综合能力得分为 19.401，对农牧民非农就业能力贡献度由高到低排序为人力资本、环境因素、个人基本特征和社会资本，得分分别为 9.515、5.622、2.331 和 1.933，见表 3-11。从青海省层面来看，农牧民非农就业能力主要受到人力资本和环境因素的影响，个人基本特征和社会资本对农牧民非农就业能力的影响居次要地位。分地区来看，农牧民非农就业综合能力排名前四位的分别是果洛州、玉树州、海南州和黄南州，排名后四位的分别是海北州、西宁市、海东市和海西州。青海省农牧民非农就业呈现出的这种地区格局，除了样本和统计处理偏差以外，仍有一定的规律可循。以 2020 年为例，地区农牧民非农就业能力排名前四位的地区第一产业产值比重均较高，都超过 20%；而排名后四位的地区，除了海北州第一产业产值比重超过 20% 以外，其余市州第一产业产值比重均偏低，如海西州和西宁市的第一产业产值比重不到 5%，表明地区农牧民非农就业能力的差异与地区产业结构尤其是第一产业产值在地区生产总值中所占比重高低相关。这是一个很有意思的发现，是否存在一定的规律，有待后续进行深入研究。

表 3-11　青海省农牧民非农就业能力的地区差异　　单位：%

地区	个人基本特征	人力资本	环境因素	社会资本	非农就业能力	排名
青海省	2.331	9.515	5.622	1.933	19.401	
西宁市	2.326	8.932	5.656	1.907	18.821	7
海东市	2.344	8.972	5.645	1.910	18.871	6

续表

地区	个人基本特征	人力资本	环境因素	社会资本	非农就业能力	排名
海北州	2.295	8.798	5.472	1.905	18.470	8
黄南州	2.365	9.193	5.699	1.940	19.197	4
海南州	2.361	9.168	5.734	1.949	19.212	3
果洛州	2.336	15.623	5.966	1.989	25.914	1
玉树州	2.369	9.667	5.738	1.954	19.728	2
海西州	2.292	9.298	5.591	1.905	19.086	5

注：由于所测算的指标数值较小，为了使数值间的比较更为直观，各数值单位均为“%”。

（2）农业就业与非农就业的农牧民非农就业能力差异

通过对青海省农牧民是否非农就业进行分组，可分别计算出农牧民非农就业能力，见表3-12。由表3-12可知，非农就业的农牧民非农就业能力得分为19.411，而仅从事农牧业的农牧民非农就业能力得分为19.381。具体来看，从事非农就业活动的农牧民在人力资本、环境因素、社会资本和个人基本特征方面的得分均高于仅从事农牧业活动的农牧民，表明农牧民从事非农就业活动，在非农就业活动中通过“干中学”积累非农就业经验，有利于提高非农就业能力。人力资本、社会资本相对充足，非农就业环境越好以及个人基本特征越完善的农牧民在非农就业方面越有优势，非农就业能力也将得到进一步提升。

表3-12 青海省农业就业与非农就业农牧民非农就业能力 单位：%

是否非农就业	个人基本特征	人力资本	环境因素	社会资本	非农就业能力
否	2.332	9.497	5.621	1.931	19.381
是	2.333	9.517	5.628	1.933	19.411

注：由于所测算的指标数值较小，为了使数值间的比较更为直观，各数值单位均为“%”。

（3）农牧民本地与非本地非农就业能力差异

为更加全面地对青海农牧民非农就业能力进行评价，本书按青海省非农就业农牧民是否本地非农就业进行分组，并分别计算在本地和非本地从事非农产业的农牧民非农就业能力。这里的本地包括本乡镇和本县及县级市，非本地包括距离较远的本省各州（市）。由于青海省地区农牧民外省非农就业比例较低，外省从事非农产业的农牧民也被列入非本地组。由表3-13可知，在本地从事非农产业的农牧民非农就业能力得分为19.411，而非本地从事非农产业的农牧民非农就业能力得分较低，为19.314。具体来看，本地从事非农产业的农牧民在人力资本和社会资本方面的得分较非本地从事非农产业的农牧民要高。究其原因，农牧民从小到大都在本地生活，先天会积累一定的社会资本；同时，农牧民或多或少会接触到本地的生产活动，因此在本地非农生产活动类型上也会积累一定程度的人力资本，本地非农就业的能力自然也会更突出。我们也发现，本地非农就业农牧民在个人基本特征和环境因素方面较非本地从事非农产业的农牧民差，表明非本地的非农就业环境因素比本地好，但对农牧民在个人基本特征方面的要求更高。这也符合我们的经验常识。

表3-13 青海省农牧民本地与非本地非农就业能力差异

单位：%

非农就业区域	个人基本特征	人力资本	环境因素	社会资本	非农就业能力
本地	2.333	9.517	5.628	1.933	19.411
非本地	2.335	9.418	5.631	1.931	19.314

注：由于所测算的指标数值较小，为了使数值间的比较更为直观，各数值单位均为“%”。

3.2.4 青海省农牧民非农就业能力总体评价

本书基于课题组2020年12月至2021年3月对青海省6个自治州和2个市农牧民的抽样调查问卷，选取了包括农牧民个人基本特征、人力资本、环境因素和社会资本4个方面共17个指标数据，构建了青海农牧民非农就业能力评价指标体系，通过层次分析法、熵权法和最小信息熵原理确定各指标的主、客观权重和组合权重，在测算省级层面农牧民非农就业能力得分的基础上，根据行政地区、是否非农就业、是否本地非农就业分组，分别测算和比较农牧民非农就业能力得分，得出如下结论：

第一，青海省农牧民非农就业综合能力得分为19.401，从青海省层面来看，农牧民非农就业能力主要受到人力资本和环境因素的影响，个人基本特征和社会资本对农牧民非农就业能力的影响居次要地位。因此，地区政府在引导农牧民非农就业时，应从两个方面着手：一方面，创新对地区农牧民非农就业技能的培训方式，使农牧民能够实实在在地掌握相应的非农就业技能，最根本的仍然是坚持大力发展地方教育，因为提高地区教育水平是提升地区农牧民非农就业过程人力资本的关键；另一方面，注重地区就业和经济社会环境的改善，结合地区自然和社会发展实际，发展有利于地区可持续发展的非农产业。

第二，从地区层面来看，农牧民非农就业综合能力排名前四位的分别是果洛州、玉树州、海南州和黄南州，排名后四位的分别是海北州、西宁市、海东市和海西州。地区农牧民非农就业能力的差异格局，除了样本和统计处理偏差以外，在很大程度上与地区产业结构尤其是第一产业产值在地区生产总值中的比重相关。这是一个很有意思的发现，是否存在一定的规律，有待后续进行深入研究。

第三，从是否从事非农就业活动来看，从事非农就业活动的农牧民非农就业能力得分高于仅从事农牧业活动的农牧民，并且从事非农就业活动的农牧民无论在人力资本、环境因素还是在社会资本和个人基本特征方面，得分均高于仅从事农牧业活动的农牧民。农牧民从事非农就业活动，在非农就业活动中通过“干中学”积累非农就业经验，有利于提高非农就业能力。对于仅从事农牧业生产活动的农牧民来说，要提高自身非农就业能力，应着力做好以下两点：一是积极完善尚可完善的个人基本特征，清晰规划，努力提高人力资本，并利用社会资本提高潜在的非农就业能力；二是主动了解和把握地区政府及社会提供的各种非农就业机会，通过“干中学”，在实践中提升非农就业能力。

第四，从农牧民是否在本地非农就业来看，在本地从事非农就业活动的农牧民非农就业能力高于在非本地从事非农就业活动的农牧民。由于从小到大生活在一种环境里，在本地从事非农就业活动的农牧民在人力资本和社会资本方面的得分比在非本地从事非农就业的农牧民高，但在个人基本特征和环境因素方面的得分较低，说明非本地的非农就业环境因素比本地好，但对农牧民个人基本特征方面的要求更高，这个发现也符合我们的经验常识。

第4章

青海省农牧民非农就业的影响因素分析

党的十八大以来，全面脱贫作为我国第一个百年奋斗目标的重要指标，是一场惠及广大农民群众的“人民战争”，精准扶贫则是打赢脱贫攻坚战的制胜法宝：通过建档立卡，可对贫困人口进行系统化、信息化、动态化管理；通过精准识别贫困原因和数据多维度画像，采取产业扶贫、就业扶贫等方式，可实现精准施策。在建档立卡的贫困人口中，90%以上得到了产业扶贫和就业扶贫支持，2/3 的贫困人口主要依靠外出务工和产业扶贫措施实现脱贫①，这充分说明通过产业发展促进农民非农就业的重要作用。与此同时，随着我国工业化和城镇化的不断推进，农民生活便捷程度的提高，原有生活空间被不断挤压、生活成本持续提高以及小规模农业生产均衡被打破等问题相继出现。农业产品需求的刚性和耕地红线等从供需两端决定了农产品的价格增长幅度始终低于市场中其他产品和服务的价格增长幅度，主要表现为农业不变价格指数远低于国内生产总值指数。农业产品的低附加值也导致其在国民经济结构中的比重不断下降。产业结构升级对农业的挤压和农村地区发展空间的侵蚀不断压低以农业生产为生活来源的农民群体生存质量的天花板，农村地区农民仅以农业作为生活的支撑，城镇化推进、消费结构调整、相对价格变动等导致农业能够容纳的劳动力数量持续下降。无论从政策实践还是各国经济发展的经验来看，农村剩余劳动力从边际产品价值较低的农业生产领域转向边际产品价值较高的工业和服务业领域都是一种必然的选择。

---

① 参见中国脱贫攻坚成就展网上展馆（https：//tpgj. cctv. com/4/3/index. shtml）。

青海省及省内藏区的人地情况和自然条件与国内其他地区迥异。地广人稀虽然给种植业和养殖业的发展提供了空间，但高海拔、低降水、大风沙等诸多限制条件也给农业发展设置了难以打破的天然屏障，导致农业对当地农牧民的容纳量相对较低，省内农牧民进行非农就业成为提高其收入水平和生活质量的必然选择。青海省多民族的文化交融和独特的生活习俗，以及基础设施和科教文卫等软件配套配给的长期滞后导致的大部分地区开放程度较低等都对农牧民进行非农就业具有十分重要的影响。因此，对青海省非农就业的影响因素进行研究具有重要的现实意义。

4.1 青海省农牧民非农就业的影响因素

对于非农就业影响因素，国外学者进行了大量研究。例如，刘易斯（1954）和费景汉（1961）等提出，劳动力从传统农业部门向现代工业部门进行转移的原因在于劳动边际生产率的差距；乔根森（1961）从需求端解释了劳动力迁移的原因，认为城乡消费结构从消费量具有刚性的农业产品消费转向具有弹性的工业部门产品消费的过程伴随着劳动力从农业部门向工业部门的转移；托达罗（Todaro，1969，1984，2003）将城市就业的失业考虑进来，认为在理性人假设下，劳动力非农就业的根本原因在于考虑失业的预期城乡收入差异；以斯塔克（Stark，1982，1986）为代表的新迁移经济理论提出以家庭为单位的理性决策，即为避免单一收入来源的风险性，家庭将决定部分成员进行非农就业以获得整体的收益最大和风险最小；卢卡斯（Lucas，2004）将人力资本引入人口迁移理论，解释了迁移人口和未迁移人口之间的差异。

国内也有大量关于非农就业的研究，有从不同省区进行抽样的大样本研究（邱元等，2015），也有对单一地区非农就业影响因素进行刻画的（辛岭等，2009），还有对女性劳动力、高龄人口等弱势群体非农就业影响因素进行研究的。这些研究主要集中于辽宁、四川、江苏、北京等经济发展水平相对较高的地区，对青海这样经济发展水平较为落后、农业资源禀赋较差、多民族集聚、文化习俗影响较大的地区进行研究的较少。当然，也有一些学者对经济发展水平相对落后的地区进行了研究。柴剑锋等（2019）基于 315 户贫苦家庭的微观数据，采用 Logit 模型进行研究后发现，家庭结构和居住地到县城的距离是中层因素，受教育程度和当地海拔是深层次因素；周燕青等（2017）在对内蒙古 8 个旗县进行入户调查收集到的 362 份有效样本进行分析后发现，年龄、到城镇距离等因素对非农就业有显著影响，教育、健康状况等对非农就业的影响则不显著。以上只是个别学者的观点，大部分学者的研究表明，海拔和到城镇距离等地区自然禀赋对非农就业具有十分显著的负向影响，受教育程度等因素对非农就业的影响并不显著。

4.1.1　青海省农牧民非农就业的影响因素

本章通过个人基本特征、人力资本、家庭特征、社会环境因素、外部影响和农业经营情况 6 个维度共 14 个指标，对农牧民非农就业影响因素进行分析。课题组组织了田野调查，在青海省 2 市 6 州多个村发放问卷 410 份，共回收有效问卷 359 份，问卷有效率为 87.60%，变量选取及数据描述性统计见表 4-1。

表 4-1　青海省农牧民非农就业影响因素变量选取及数据特征

变量	变量解释	均值	标准差	最小值	最大值
非农就业 y	参加 = 1，不参加 = 0	0.423	0.495	0	1
性别 x_1	男 = 1，女 = 2	1.351	0.478	1	2
年龄 x_2	少年 = 1，青年 = 2，中年 = 3，中老年 = 4，老年 = 5	3.156	0.965	1	5
民族 x_3	汉族 = 1，回族 = 2，土族 = 3，蒙古族 = 4，撒拉族 = 5，藏族 = 6，其他 = 7	4.292	2.078	1	7
受教育程度 x_5	没上过学 = 1，小学 = 2，中学 = 3，高中或职高 = 4，大专及以上 = 5	2.694	1.545	1	5
身体状况 x_6	5 级量表表示程度由低到高	3.652	0.902	1	5
普通话水平 x_7	5 级量表表示程度由低到高	2.838	1.199	1	5
职业技能数量 x_8		2.156	0.996	1	4

续表

变量	变量解释	均值	标准差	最小值	最大值
学龄前儿童数量 x_9		0.454	0.699	0	4
65 岁以上老人数量 x_{10}		0.549	0.742	0	3
水电等基础设施情况 x_{13}	5 级量表表示程度由低到高	3.696	0.994	1	5
非农产业支持 x_{15}	有=1，没有=0	0.507	0.501	0	1
就业培训参加情况 x_{16}	是=1，否=0	0.568	0.496	0	1
家庭种植业经营 x_{17}	是=1，否=0	0.454	0.499	0	1
家庭畜牧业经营 x_{18}	是=1，否=0	0.323	0.468	0	1

由表 4-1 可知，在样本个体中，非农就业比例相对不高，均值为 0.423，可见有超过一半的调查对象没有进行非农就业；在个人基本特征方面，男性样本数量略少于女性，中年群体数量较多，民族均值为 4.292、标准差为 2.078，体现了青海多民族集聚且分布较为分散的特点；在人力资本方面，样本的受教育程度和普通话水平两个指标具有较高相似度，且都处于较低水平；在家庭特征方面，学龄前儿童和 65 岁以上老人数量都比较少，且数据较为集中，每户家庭平均少于一个需抚养的学龄前儿童和需赡养的 65 岁以上老人；在社会环境指标方面，多数地区基础设施条件相对较好；在外部影响方面，政府的非农产业支持和组织的就业培训力度较大，进行非农产业支持的地区和进行就业培训的样本数量都超过被调查人员的一半；在农业经营方面，农业生产依然是青海省农牧民生存的主要方式。

从 6 个维度的画像中可以看出，在精准扶贫政策支持下，青海省进行了规模相对较大的劳动力培训，产业发展政策提高了农村剩余劳动力就近就业的机会和外出就业的能力，但整体教育水平较低、语言隔阂等青海地区的发展特点可能对农牧民非农就业水平产生一定的负向影响，在家庭中儿童和老人负担并不重的情况下，整体非农就业水平为 0.423。以下将对非农就业各影响因素进行分析。

4.1.2 青海省农牧民非农就业影响因素效果分析

有关学者将农牧民的非农就业情况分为专职农业经营、专职非农就业和兼职农业三种。本章对非农就业影响因素的研究将就业情况分为专职农业经营和非农就业两种，将兼职农业包含在非农就业中。以上情况属于给定影响因素之后的两点式概率分布，即 $\begin{cases} P(y=1 \mid x)=F(x, \beta) \\ P(y=0 \mid x)=1-F(x, \beta) \end{cases}$，若采用回归方程对模型求解，随机干扰项显然服从两点分布，而非正态分布，因此需要采用 Logit 模型进行模型估计，建立模型如下：

$$y_i = x_i'\beta + \varepsilon_i \tag{4-1}$$

其中，y_i 为被解释变量，$x'_i=$（x_1，x_2，x_3，x_5，x_6，x_7，x_8，x_9，x_{10}，x_{13}，x_{15}，x_{16}，x_{17}，x_{18}），β 为待估系数，ε_i 为随机干扰项。对以上模型采用最大似然估计法进行 Logit 模型的累计分布表达式求解。

为方便对回归结果进行解释，将回归结果转变为比率，而非系数，见表 4-2。

表 4-2　青海省农牧民非农就业影响因素回归系数比率

变量	回归系数比率	变量	回归系数比率
性别 x_1	0.901** （-0.393）	65 岁以上老人数量 x_{10}	0.003 （-0.266）
年龄 x_2	0.583** （-0.234）	水电等基础设施情况 x_{13}	0.383** （-0.177）
民族 x_3	-0.11 （-0.0877）	非农产业支持 x_{15}	1.781*** （-0.378）
受教育程度 x_5	0.385** （-0.163）	就业培训参加情况 x_{16}	0.158 （-0.339）
身体状况 x_6	-0.560** （-0.25）	家庭种植业经营 x_{17}	-4.978*** （-0.82）
普通话水平 x_7	0.630*** （-0.203）	家庭畜牧业经营 x_{18}	-4.193*** （-0.812）
职业技能数量 x_8	0.325* （-0.196）	常数	-3.156* （-1.872）
学龄前儿童数量 x_9	-0.297 （-0.269）		

注：***、**、* 分别表示 $p<0.01$、$p<0.05$、$p<0.1$；括号内为显著性检验值。

由表 4-2 可知，x_1、x_2、x_5、x_7、x_8、x_{13}、x_{15}都显著大于 0，说明性别、年龄、受教育程度、普通话水平、职业技能数量、水电等基础设施情况和所在村的非农产业支持都会对非农就业产生积极影响。其中，影响最大的是政府的非农产业扶持，说明政府对本地产业的扶持、提供农牧民就地就业机会对农牧民进行非农就业影响最大。年龄和受教育程度对青海省非农就业存在显著正向影响，这也在许多学者对其他地区基于微观数据进行的研究中得到了证实，主要表现为随着年龄的增长和受教育程度的提高，非农就业概率显著上升。一方面，可能是由于年龄和受教育程度显示出了人力资本价值的提升；另一方面，可能是由于年龄增长产生的家庭负担使非农就业带来的收益更具吸引力。青海省多民族集聚的特征主要表现在两个方面：一是文化习俗的独特魅力。二是大量藏族同胞的广泛分布使得青海不少地区的方言已经融入部分藏语，在普通话普及程度不高的情况下，农牧区剩余劳动力的省际流动受到限制。这一点在农牧民非农就业影响因素研究的实证分析结果中得到了充分体现：普通话的掌握程度对青海省农牧民非农就业有显著的正向影响。地方基础设施建设和经济发展水平对非农就业也具有显著的正向影响，这充分说明在农牧区进行基础设施建设对发展经济具有多方面的积极影响。

此外，青海省多民族集聚的特征对农牧民非农就业具有显著的负向影响。主要原因可能在于民族地区形成的封闭的民族认同阻碍了农牧民进行地域转移，并会对农牧民融入不熟悉的社会文化环境产生一定的负向影响。家庭中学龄前儿童的数量和 65 岁以上老人的数量对农牧民非农就业的影响表现不显著，究其原因，主要体现在两方面：一方面，可能是家庭中学龄前儿童和 65 岁以上老人数量不多，样本数量不足；另一方面，可能在于青海藏区年轻的家庭结构，家庭平均少于 1 个学龄前儿童和 65 岁以上老人，对非农就业的影响相对较小。但是，家庭因素对农牧民进行转移就业距离选择的约束性是显而易见的，这需要政府在政策层面给予相关支持来缓解。农牧民进行种植业和养殖业的经营同样会对其进行劳动转移产生极大的影响。种植业生产的周期性和传统畜牧业养殖的劳动力依赖对农牧民的价值释放具有极强的制约，小规模种植和养殖既不能为农牧民提供足够的生活保障，也不能激发劳动力的价值，具有较高的机会成本，会形成潜在失业人口。这就需要政府在产权改革方面制定相关政策措施，以使农牧民的劳动力价值得到充分发挥，并使他们具备“带资进城”的能力，可以放心地在城市进行非农就业。第七次全国人口普查结果显示，青海省 15 岁及以上人口的平均受教育年限为 8.85 年，为全国倒数第二，仅次于西藏。

4.1.3　青海省农牧民非农就业影响机制

农牧民非农就业的影响机制主要表现为政府和社会经营主体通过自身行为作用于农牧民家庭特征、人力资本、社会环境等各个维度，最终实现对农牧民非农就业影响因素的直接或间接影响，如图 4-1 所示。

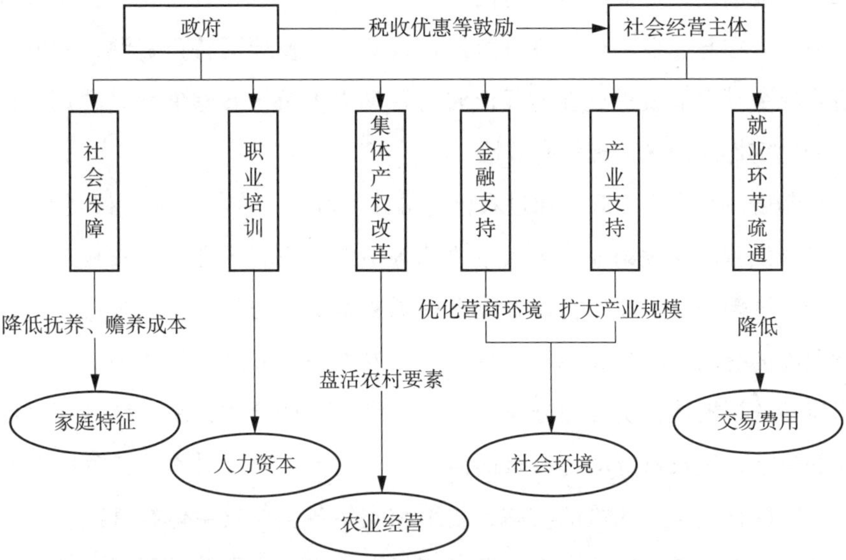

图 4-1　青海省农牧民非农就业影响机制

推动农牧民非农就业作为劳动力供给的结构性改革具有长期的正向外部效应，即在推动劳动力供给结构转型过程中，私人收益和私人成本是不对等的，市场经营主体作为以营利为目的的经济组织，没有动力推动非农就业、调整社会劳动力结构。但是，单纯依靠政府力量推动劳动力结构转变缺乏措施上的灵活性和范围上的普适性，需要政府通过税收优惠、政策支持等措施激发经济市场与市场经济主体在资源分配上的效率和措施上的创造性、灵活性。市场经营主体在政府的政策支持和税收优惠下，将市场的外部性内部化，推动劳动力结构调整。一方面，通过招工信息定点直达等方式，疏通劳动力在部门间转移的渠道，降低农牧民交易成本，提高措施的精准度；另一方面，通过在岗免费就业培训，有效提高农牧民职业技能水平，以及劳动力从农业部门向工业部门转化的效率。

政府通过社会保障、金融支持、产业支持、制度改革、职业培训等措施实现对农牧民家庭特征、社会环境、农业经营、人力资本等的有效改善，在缓解农牧区剩余劳动力受家庭抚养幼童和赡养老人压力的同时，提升农牧民的就业能力。在政府的引导下，市场经营主体对劳动力就业环节进行疏通，并通过就业前培训等提高劳动力的人力资本水平，或在政府税收优惠等政策的支持下，在县、乡、村三级进行产业投资，开发地区特色资源，能够有效实现农村劳动力的就近就业，降低农村劳动力大范围转移的交易费用，提高社会的稳定性和地区治理的有效性。

在制度改革方面，政府通过农村金融体制改革、农村集体产权制度改革、农村集体经营性建设用地同等入市改革等措施和农村产业化、农村一二三产业融合发展等扶持手段，实现农牧区资源要素潜力的释放和传统农业生产市场化程度的提高，减少农地和草场经营对农牧民非农就业的束缚，提高农村要素流转的积极性，实现部分农民“带资进城”的愿望，激发部分农民返乡创业的热情，让农村劳动力要素的活力充分涌流。通过对本地特色产业的支持和农牧区普惠金融政策的实施，鼓励和支持各类经营主体在基础设施、经济环境等方面相对落后的乡镇地区进行投资建设，集聚各类要素资源，提高地区经济发展水平，增加农牧民就近就业机会。社会保障给农民生活提供最低的医疗和养老支持，能有效提高农民非农就业的积极性，降低农民对土地的依赖性。

刘易斯基于宏观视角的传统劳动力迁移理论，以及斯塔克以家庭为单位的基于微观视角的新劳动力迁移理论，有一个相同的假定：政府不干预劳动力转移的大市场、小政府状态。但是，政府购买、税收政策变动等行为显然会对劳动力的流向产生影响。由于农村劳动力转移存在交易成本的“摩擦力”，可能存在低水平均衡，需要政府发挥宏观调节作用，进行劳动力结构与产业结构的匹配。农牧民实现脱贫攻坚，并建立“后脱贫时代”农牧民收入增长长效机制稳定不返贫，从主观和客观两个方面都需要政府对劳动力在不同部门间的转移进行干预，即农牧区剩余劳动力的转移需要农牧民内在就业能力、外出就业动力形成的推力，以及外部产业结构、市场经济等形成的拉力共同发挥作用。同时，需要政府通过行政力量解决劳动力市场供需双方由于不完全信息带来的交易成本过高等市场失灵问题，实现有效市场和有为政府的统一。

从实证结果来看，对农牧民非农就业有正向影响的指标包括性别、年龄、受教育程度、普通话水平、职业技能数量、65 岁以上老人数量、水电等基础设施状况。对农牧民非农就业有负向影响的指标包括民族、身体状况、家庭种植业经营和家庭畜牧业经营。个人基本特征和农业经营情况两个维度的显著性水平较高。家庭特征的显著性水平较低。就业培训参加情况结果不显著，可能的原因是政府相关政策在农牧民非农就业推进过程中有效性不足。政府需要思考更多方式，调动农牧民参加培训的积极性。相比之下，非农产业支持的显著性水平较高，这表明政府应大力开展相关举措支持非农就业，从而促使农牧民参与到非农就业活动中来。农牧民家庭种植业和养殖业对非农就业显著的负向影响表明非农就业与种植业和养殖业难以共存，现代分工要求的专业化也证明了兼职农民不适合现代经济要求的高效化与专业化。青海省农牧区有大量农牧业从业人员的现状充分表明，青海省进行农牧民非农就业、调整劳动力供给结构任务量巨大。

2020 年，青海省第一产业增加值占比 11.10%，第一产业从业人员占比 25.45%①，在钱纳里工业化阶段中处于中级阶段，制造业内部向资本更加密集的重工业转变，第三产业开始迅速发展，第二产业的劳动力容纳量开始降低，第三产业的劳动力容纳量不断提高。但是，在钱纳里产业结构体系中，

① 资料来源于 2021 年《青海统计年鉴》。

11.10%的第一产业增加值占比对应的是8.30%~23.70%的劳动力占比，青海地区在第一产业的劳动力配比显然过高。同时，我国赶超战略时期重工业发展优先的计划安排，以及青海地区资源特征决定的工业产业结构中，采掘工业、原材料工业、加工工业等重工业占比达到95.53%，即绝大部分工业产值由重工业创造，并不完全符合钱纳里工业化阶段理论总结出来的一般性经验，制造业内部将进一步进行资产密集型工业的投资。结合青海省目前农业从业劳动力人员占比过高和轻工业产品产量过低的现实情况，应将发展劳动力密集的轻工业投资作为下一步产业投资的方向。钱纳里工业化阶段理论中的一般性结论也为青海省劳动力的发展提供了一定的指导，如第二产业发展逐步实行的资本对劳动力的替换和第三产业劳动力容纳空间较大等对劳动力的职业技能和素养提出了一定的要求，一方面需要从农业部门转移出来的劳动力具备在资本密集型工业部门进行生产工作的能力，另一方面需要其具备在服务业工作的较为全面的职业素养。此外，还需要放缓制造业中资本对劳动的替代速度，避免造成农业部门转移人口在城市地区的失业，形成社会性问题。

经典的劳动力迁移理论能为青海省提供方向性指引，如刘易斯提出了传统农业部门剩余劳动力向现代工业部门转移，实现二元经济结构变一元经济结构的思路；费景汉-拉尼斯模型提出二元经济结构向一元经济结构转变过程中工业部门工资变动的三个阶段；乔根森模型提出三个阶段顺利演进的前提是实现工业积累，而工业积累的基础是农业生产的剩余；托达罗模型将城市就业的失业概率引入模型，用预期工资取代实际工资，将模型中的假设进一步放松，提出城乡预期收入差距是农村部门劳动力向城市部门转移的根本动力；斯塔克等以家庭为单位进行研究的新迁移经济理论，以及卢卡斯等结合人力资本理论提出的劳动力迁移理论作为对宏观经济模型在微观上的补充和完善，为青海省进行非农就业问题的研究和解决方案的提出提供了思路。但是，对具体问题进行深入研究及问题的最终解决还需要基于中国特色社会主义经济、政治、社会环境进行深层次讨论。

4.1.4　突破青海省农牧民非农就业的瓶颈

农业生产本身的弱质性导致其产出水平对农户生活的保障水平较低，主要表现为农业生产的周期性与风险性使农民群体在农业生产过程中遇到恶劣气候和重大灾难时的抗风险能力较差。西奥多·舒尔茨（1964）在分析农业生产特点后指出，农户可能处于“特殊类型的经济均衡状态，这种均衡状态传承自祖辈”。在青海省的农业生产中，在高海拔、低降水和大风沙等气候条件下进行种植业生产与畜牧业养殖面临储蓄积累速度慢、生产风险高等多种困难，使用传统生产要素进行生产同样难以实现生产效率的迅速提高，必须通过强力的外部干预打破农业的低水平均衡，才能完成对传统农业的改造。

打破农牧区生产均衡的重要目标是实现农民生活水平的提高，转移农业剩余劳动力的本质是实现要素向生产效率更高地区转移的帕累托改进，即在不降低农牧民整体生活水平的前提下，提高一部分农牧民的生活水平。实现帕累托改进的农牧民包括通过非农就业进入边际生产率更高的工业部门的部分农牧民和农牧区环境承载压力降低带来的农牧业产出提高的农牧民。也就是说，促进农村劳动力转移需要解决两方面的问题：一是调整农牧民的知识和技能结构，使其与现代产业结构调整相匹配；二是在城市及农村附近县城和城郊地区发展不同类型具有比较优势的产业，为农牧民就近就业和创新能力发展提供平台。

青海省农牧区实现生产现代化存在以下四个问题：一是种植业生产承载能力有限，土地细碎化，无法实现现代生产要素的引入，只能维持低水平均衡；二是畜牧业生产受到生态保护的约束；三是牧区地广人稀，养殖成本转化为收益的成本较高，难以实现储蓄和积累；四是较为封闭的文化习俗等导致不同区域间市场难以形成，无法实现农牧生产的专业化分工，无法提高生产效率。以上问题可以分为两类：一类是人地矛盾和人的发展与生态之间的矛盾，另一类是自然因素和文化因素产生的市场经济开放程度低与活力不足的问题。这两类问题的实质都是人的发展问题，前者可以通过农牧区劳动力向城市进行非农就业转移缓解，后者可以通过非农就业转移人口回流等工业部门的反哺刺激农牧区消费和生产方式改变。

从时间上看，实现农牧区非农就业的剩余劳动力转移和促进现代生产要素向农业部门的转移本质上是同一过程的不同阶段。在发展初期，农牧区剩余人口向工业部门转移。在城市工业化发展到一定阶段后，城市生活成本上升、家庭约束等产生的来自城市的推力使非农就业人员向乡镇、农村回流。回流的农牧民带回的人力资本和社会资本等现代生产要素会促使农牧区生产方式等发生改变。从趋势上看，城市非农就业人口的回流是国家工业化对农业部门的反哺过程，回流人口带着生产、经营、销售等方面的人力资本和在城市生活、消费等形成的理念，有助于提高农牧区经济的开放水平和活力程度。

推动青海省农牧民非农就业对于解决发展与生态之间的矛盾和农业现代化具有直接影响。农牧区存在的低水平生产均衡，需要政府通过基础设施建设、非农产业支持、相关制度改革等措施引入现代生产要素去打破，同时通过税收优惠等措施激发市场经营主体的积极性，发挥市场经营主体在行动上的灵活性和创造性。在与市场经营主体的合作中，可创新合作模式，如起源于英国的 PPP 模式，欧美国家较多采用的 BOT 模式、PFI 模式等。对于企业难以融入的民族地区等，需要政府通过行政干预为企业的经营活动开辟道路、为农牧民的集体权益保驾护航。

4.2 青海省农牧民非农就业的区域影响因素

不同地区的非农就业水平不同，相应地，影响因素也有较大差异。白南生等（2007）对安徽和四川两个外出务工大省进行了研究。他们将 71 个县的数据分为外出务工高、中、低三个层级进行分组研究，发现不同地区外出务工水平并不具有趋同性，反而存在巨大差异。邱元等（2015）在对江苏、四川、陕西、吉林、河北 5 个省 101 个村共 4477 个农村劳动力有效样本进行研究后发现，个体基本特征和家庭特征会对农村劳动力从农业流向非农产业产生显著影响。

青海省面积 72.23 万平方千米，省域范围在全国排第四位，仅次于新疆、西藏和内蒙古，海拔范围为 1644~6851 米，地势复杂，不同州市的民族构成也不尽相同。不同地区在自然条件、民族习俗、文化特征等方面存在较大差异，农区和牧区在生产、生活方式等方面存在本质的不同，对农牧民非农就业产生影响的主要因素也可能存在明显差异，需要进一步深入探讨。

4. 2. 1　区域影响因素梳理

青海省 2 市 6 州地域广阔，不同地区间的差异体现在自然条件、经济发展水平、文化习俗等诸多方面，同一州市内相近的生产方式和文化习俗等使得农牧民在家庭结构等方面存在一定的相似性，同一州市经济发展水平和经济结构等方面的客观情况对地方政府“自上而下”的产业扶持和政策支持在重心上具有一致性的影响。为探究不同地区农牧民非农就业的一致性和特殊性，在以上研究的基础上，本书进一步引入地区虚拟变量。为避免出现相同地区在家庭特征、社会环境、外部影响三个维度上一致导致的共线性，以及自变量过多产生的自由度降低等问题，在地区影响因素的分析中，只采用个人基本特征、人力资本和农业经营三个维度的变量及地区虚拟变量进行分析。

作为我国五大牧区之一的青海牧区，农民和牧民在生产方式与生活方式上有较大差异，牧区畜牧业需要每年在不同时节进行轮牧，农区种植业需要按照粮食作物等的生长周期进行抢收抢种。结合以上情况，通过对不同个体人力资本的劳动力迁移特征进行分析，本书提出以下假设：

假设 4-1：男性非农就业水平高于女性。一方面，我国存在“男性以事业为重，女性以家庭为重”的传统观念；另一方面，女性在就业市场面临的约束较多，选择空间比男性小。

假设 4-2：少数民族非农就业意向相对较低。少数民族聚居区长期形成的相对封闭的熟人环境可能存在对外融入和向外转移的双重阻力。

假设 4-3：受教育程度越高，非农就业倾向越明显。一方面，家庭在教育方面的支出越多，通过家庭农牧业生产进行教育成本回收的机会成本越高；另一方面，个人综合素质越高，越不愿意在简单的农牧业劳动中实现个人价值。

假设 4-4：家庭存在农牧业经营对家庭中个体劳动力进行非农就业具有

负向影响。家庭中有农地或草场需要进行农牧业生产对劳动力的周期性占用限制了农牧民进行非农就业的范围和工作的稳定性。

假设 4-5：农业占比越高，非农就业水平越低，种植业对非农就业的负向影响比畜牧业显著。

为了验证以上假设，本章将个人基本特征、人力资本、农业经营三个维度对应的变量考虑在内，并添加 2 市 6 州的虚拟变量，是本地区的为“1”，不是本地区的为“0”，变量设置见表 4-3。

表 4-3　青海省农牧民非农就业分地区影响因素变量统计特征

变量	变量解释	均值	标准差	最小值	最大值
是否非农就业 y	是=1，否=0	0.423	0.495	0	1
性别 x_1	男=1，女=2	1.351	0.478	1	2
年龄 x_2	少年=1，青年=2，中年=3，中老年=4，老年=5	3.156	0.965	1	5
民族 x_3	汉族=1，回族=2，土族=3，蒙古族=4，撒拉族=5，藏族=6，其他=7	4.292	2.078	1	7
受教育程度 x_5	5 级量表表示程度由低到高	2.694	1.545	1	5
普通话水平 x_7	5 级量表表示程度由低到高	2.838	1.199	1	5
职业技能数量 x_8		2.156	0.996	1	4
家庭种植业经营 x_{17}		0.454	0.499	0	1
家庭畜牧业经营 x_{18}		0.323	0.468	0	1
西宁市 D_1	是=1，否=0	0.0585	0.235	0	1
海东市 D_2	是=1，否=0	0.198	0.399	0	1
海西州 D_3	是=1，否=0	0.0891	0.285	0	1
海北州 D_4	是=1，否=0	0.148	0.355	0	1
海南州 D_5	是=1，否=0	0.114	0.319	0	1
玉树州 D_6	是=1，否=0	0.142	0.350	0	1
黄南州 D_7	是=1，否=0	0.228	0.420	0	1
果洛州 D_8	是=1，否=0	0.0223	0.148	0	1

各地区样本分布情况如下：西宁市 21 个，海东市 71 个，海西州 32 个，海北州 53 个，海南州 41 个，玉树州 51 个，黄南州 82 个，果洛州 8 个。

4.2.2　区域影响因素实证分析

对不同地区非农就业影响因素的分析，依然采用二元 Logit 模型，具体模型如下：

$$Y_i = X'_i \beta_i + D'_i \alpha_i + \varepsilon_i \qquad (4-2)$$

其中，$X'_i = (x_1, x_2, \cdots, x_{18})$，$D'_i = (D_1, D_2, \cdots, D_8)$，$\beta_i = (\beta_1, \beta_2, \beta_3)'$，$\alpha_i = (\alpha_1, \alpha_2, \cdots, \alpha_8)$，$\alpha$、$\beta$ 为回归分析的系数。

估计结果见表 4-4。

表 4-4　青海省农牧民非农就业影响因素分地区估计结果

变量	变量解释	估计结果	变量	变量解释	估计结果
是否非农就业 y	是=1，否=0		西宁市 D_1		−1.486*** (−0.349)
性别 x_1	男=1，女=2	1.059*** (−0.389)	海东州 D_2		−4.628*** (−0.256)
年龄 x_2	少年=1，青年=2，中年=3，中老年=4，老年=5	0.784*** (−0.200)	海西州 D_3		−1.635*** (−0.446)
民族 x_3	汉族=1，回族=2，土族=3，蒙古族=4，撒拉族=5，藏族=6，其他=7	−0.282*** (−0.048)	海北州 D_4		−2.397*** (−0.346)
受教育程度 x_5	5 级量表从 1 到 5 表示程度依次升高	0.153 (−0.129)	海南州 D_5		−2.429** (−0.575)
普通话水平 x_7	5 级量表从 1 到 5 表示程度依次升高	0.710*** (−0.215)	玉树州 D_6		−2.624*** (−0.309)
职业技能数量 x_8		0.297* (−0.165)	黄南州 D_7		−2.187*** (−0.404)
家庭种植业经营 x_{17}		−4.422*** (−1.076)	果洛州 D_8		−0.803*** (−0.299)
家庭畜牧业经营 x_{18}		−4.398*** (−0.765)	常数		−3.827** (−1.533)
			样本量		359

注：***、**、* 分别表示 $p<0.01$、$p<0.05$、$p<0.1$；括号内为显著性检验值。

由实证结果可知，性别、年龄、受教育程度、普通话水平、工作技能数量都对非农就业产生正向影响，其中：受教育程度对非农就业的影响不显著，与一般的经验性判断不一致；民族、家庭种植业经营、家庭畜牧业经营会对非农就业产生显著的负向影响，与假设判断一致；在地区设置的虚拟变量中，所有区域对非农就业都表现出显著的负向影响。

一般认为，在就业市场中，男性劳动力相对女性劳动力有更大的比较优势，进行非农就业的可能性更高，但实证结果表明，女性劳动力的非农就业水平比男性劳动力高。主要原因可能有两个：一是青海省产业结构中农业和服务业比重相对较高。2020 年，青海省农业劳动力占比、第二产业劳动力占比、第三产业劳动力占比分别为 25.45%、22.22%和 52.33%①，在劳动力的非农就业结构中，男性劳动力具有比较优势的工业使用劳动力占比只有 20.40%，而女性劳动力具有比较优势的服务业对劳动力的需求占比为 47.70%。二是在农业生产中，农业生产对体力的需求限制了男性劳动力的非农就业水平。2020 年，青海省机械播种耕地面积占比为 55.08%，机械收割面积仅占 45.08%。

少数民族非农就业意向相对较低，与预期假设一致。2019 年，青海省少数民族人口占全省人口的 47.71%，其中藏族、回族、土族人口占比分别为 25.23%、14.78%和 3.55%，形成少数民族聚居的人口分布格局，对于形成开放、包容的经济环境和文化环境具有一定的抑制效用，也限制了地方的非农就业水平。

受教育程度对非农就业产生了微弱的正向影响。多数研究表明，受教育程度对非农就业具有显著的正向影响，本书研究也显示，非农就业影响因素对总体样本具有显著的正向影响。但是，对不同地区虚拟变量进行拟合的结果表明，受教育程度对非农就业的影响不显著。主要原因体现在两个方面：一是样本中 60.45%的个体受教育程度在初中及初中以下，即大部分样本无法通过教育走出原有生活环境，接触到更多元的文化和信息；二是一部分受过

① 资料来源于 2021 年《青海统计年鉴》。

中学教育的个体在农村地区的生产生活（如在村委会基层干部选拔、合作社管理人员竞争）中表现出一定的竞争优势，更倾向于留在农村发展，导致外出务工和留在农村发展没有表现出统计意义上的显著性。

年龄和掌握技能种类对于非农就业具有显著的正向影响，这与一般的经验事实相符，即年龄增长带来的人力资本水平的提升和来自家庭的压力都会对农牧民非农就业产生正向影响。同时，普通话水平对非农就业的显著正向影响反映了青海地区的特点——地广人稀和多民族集聚导致的不同地区方言差异较大，有部分地区的方言融入了部分藏语，加上农牧区整体普通话普及水平不高，农牧民进行跨区域就业难度较大。

家庭中存在农业经营对劳动力进行非农就业具有显著的负向影响，这与假设一致。家庭中存在的农地或草场在机械化水平较低的情况下投入生产活动，在农忙时节对劳动力的需求挤占了农牧民进行非农就业的空间，既限制了农牧民进行非农就业在空间范围上的灵活性，也限制了农牧民工作的稳定性，使这部分劳动力大多只能从事人力资本积累速度较慢且没有稳定性保障的工作，增加了非农就业的交易费用，限制了非农就业水平的提高。

地区虚拟变量对非农就业的影响全部为显著负向影响，即被调查个案中除个人基本特征和家庭特征之外的地区经济、环境、社会等因素总体对非农就业水平呈现负向影响。原因可能有两个：一是青海省的经济、环境、社会等均与低水平的非农就业匹配，农区和牧区的发展存在封闭性；二是政府实行的产业发展和就业培训相关扶持政策效果尚不明显，没有打破农牧区劳动力要素转移在各方面的障碍。其中，地区负向影响最大的是海东市，最小的是果洛州，原因可能和地区生产方式有关。海东市地处青海省东部黄土高原向青藏高原过渡的镶嵌地带，气候和地形相对适宜农耕，为青海省内主要农业区；果洛州位于青海省东南部青南高原，平均海拔 4200 米以上，为青海牧区的主要组成部分。牧区受益于青海省生态畜牧业合作社，整体的规模化养殖水平相对较高，农区则由于农地流转、适度规模经营水平相对有限导致农村劳动力释放水平存在差异，在实证结果中主要表现为非农就业水平以牧区为主的州市普遍大于农区。果洛州处于三江源生态保护区，提供护林岗等公益岗位，可能存在海东市及西宁市等邻近市区的农区非农就业农民就近移居至城市生活等情况，导致在农村获得的样本所得到的非农就业水平数据低于正常值。

青海省除西宁市和海西州以外，普遍对农业存在较强依赖，其中玉树州的农业产值占地区总产值的比重高达57.60%，在经济结构的组成中可能存在较多的农业剩余劳动力；农业内畜牧业和种植业产值的比值中，海东市和海西州比值较小，考虑到海西州第一产业占比较小，可将海东市视为比较典型的以种植业为主的农区，其他自治州则主要是牧区。因此，在产业结构上，可以将青海省各州市划分为三类：一是第一产业占比相对较小，以工业和服务业发展为主的州市，如海西州和西宁市；二是第一产业占比相对较高，且第一产业结构中以种植业经营为主的农区，如海东市；三是以畜牧业经营为主的牧区，如玉树州、黄南州等。从非农就业地区虚拟变量的截距来看，西宁市和海西州非农就业的负向影响水平相对接近，牧区除果洛州对非农就业的负向影响低于西宁市和海西州，海东市对非农就业的负向影响最大。显然，不同生产方式对非农就业的影响具有显著差异，相同生产方式内部的非农就业水平具有一定的一致性。因此，政府在制定农牧区非农就业的政策时，应结合不同地区的生产方式。

4.2.3 区域影响因素机制分析

邱元等（2015）基于河北、江苏、四川、陕西、吉林五省的微观数据，采用多项Logit模型对样本数据进行分析后发现，不同地区之间非农就业具有显著差异。白南生等（2007）采用Probit模型对安徽省和四川省的微观数据进行非农就业水平的研究，证明了不同地区的就业水平存在明显差异。辛岭等（2009）从四川南部、宣汉、温江三县（区）收集了1006份调查问卷，采用Logit模型对样本数据进行分析后发现，年龄会对非农就业产生正向影响。这与邱元、白南生等的研究得出的结论相反，说明不同省份，甚至相同省份的不同地区在非农就业的影响因素上都有一定的差异。

托达罗认为，农业部门与工业部门的收入预期和就业率乘积的差值与人口流动正相关，即就业率一定，农业部门与工业部门收入差异越大，人口流动数量越多；部门收入差异一定，就业率越高，人口流动数量越多。就业率和部门收入差异两个变量都表现出对转移人口的正向影响。本书对青海省不同州市城乡可支配收入数据进行了整理，如图 4-2 所示。

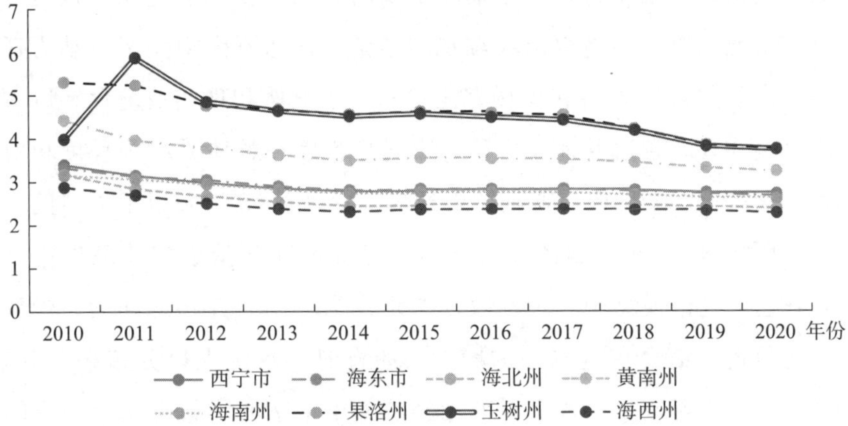

图 4-2　2010—2020 年青海省分区域城乡收入差距比

资料来源：2011—2021 年《青海统计年鉴》。

从图 4-2 中可以看出，收入差距最大的是玉树州和果洛州，城乡收入差距在 3~4 倍，收入差距最小的是海西州。Logit 模型分析结果显示，地区虚拟变量对非农就业负向影响相对较小的是西宁市、果洛州和海西州，较大的是海东市，与托达罗模型的结论存在一定差异。海西州城乡收入差距最小，在 Logit 模型中显示，地区非农就业效应系数与托达罗理论模型并不对应，主要原因除了宏观数据与微观数据的差异之外，可能在于海西州城市地区经济发展水平相对较高，同时人口密度较低，农地和牧场面积较大，能够给农牧民提供相对充足的积累，使其能够承担在城市地区找工作过程中的花销。玉树州和果洛州收入差距最大，且整体经济发展水平较低。一方面，农牧区积累不足，难以提供在城市地区找工作期间的花销；另一方面，城市地区提供的就业岗位不足导致找工作周期较长，从而使整体预期收益不高，即居民感受到的城乡收入差距没有实际的那么高。在托达罗模型中，城乡预期收入差距与青海省非农就业的微观调查数据存在较明显的差异。原因是多方面的，可能在于理论中提出的就业概率没有加入模型，也可能在于不完全信息等带来的市场失灵。

理论模型的分析中往往包含许多较为严苛的条件假定，而现实中的各类影响因素是系统的、多层次的。在对现实中的影响机制进行分析时，需要结合现实情况，逐步将理论中抽象出来的各项严格的假定条件放宽，使其与现实情况相符，最终得出较客观的结论。托达罗模型关于劳动力迁移理论的假定是“理性人”和市场完全信息，这显然和现实情况存在巨大差异，尤其是在青海省这种地广人稀、市场化程度和整体受教育程度相对较低的地区。第七次全国人口普查结果显示，青海省 15 岁及以上人口的平均受教育年限为 8. 85 年。因此，需要结合实际情况并基于相关理论进行分析。在托达罗理论模型中，预期收入差距作为劳动力迁移的动力，受青海当地文化习俗、信息传递水平的影响，如青海省牧区人口分布相对分散，市场发展水平相对较低，牧民对商品经济分工带来的资料交换等形成的物质需求感知不太清晰。因此，较多牧民存在安于现状的情况，对商品经济下的利益追逐并不过分热衷。这种氛围在对城市快节奏发展进行补充的同时，也给当地的劳动力结构调整、产业发展、生活改善等带来了一定的阻碍。另外，人口分布较为分散、市场化水平相对较低的情况也不利于信息的有效传播——一方面，难以形成对收入差距的合理感知；另一方面，影响信息的传递速度。

本书采用相同的理论梳理出相近的影响因素，但由于收集的样本所在地区不同，结果表现出一定的差异。这说明不同地区非农就业可能不仅受到经济环境、资源条件、政策措施等容易观测到、可度量的因素的影响，还会受到文化习俗、宗教信仰等难以度量的因素的影响，这就使得相似的可度量条件出现了不同的分析结果。此外，同一地区在发展的不同阶段，面临的主要矛盾也可能随着时间的推移出现变化，如随着农村基础设施建设的迅速推进，之前非农就业存在的地区基础设施制约因素就不存在了，主要矛盾变为当地的产业发展水平与农业生产方式之间的矛盾等。

青海省非农就业水平是表现出来的现象，背后存在着市场、政府和个人的先存的心智构念（Preexisting Mental Constructs）① 共同影响下的人的行为特征。人的行为特征与不同主体在市场中互动会形成对资源配置、收入再分配、消费习惯等诸多方面的动态交互影响，这种影响会作用于农牧民的非农就业选择，表现出不同地区在非农就业选择上的显著差异。

本书综合分析政府和市场两种主导力量，同时结合地区生产方式、社会环境等客观条件分析非农就业的主要影响因素（如图 4-3 所示），根据分析结果对非农就业的劳动力结构进行外部干预，调整劳动力配置结果，使其更加适合经济发展的需要，从而建立农牧民“后脱贫时代”收入水平持续增长的长效机制。

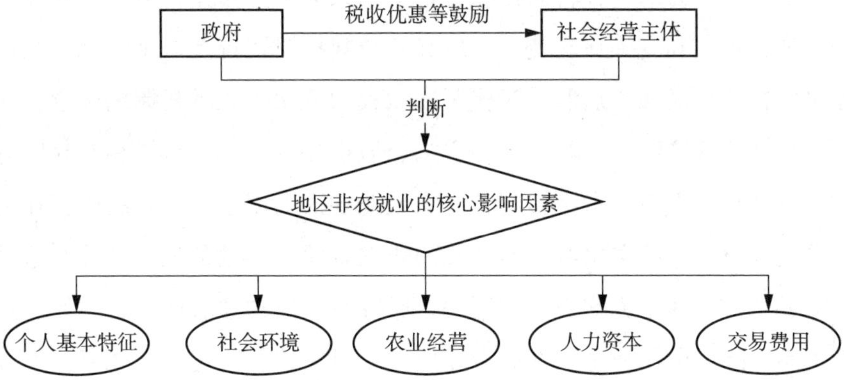

图 4-3　青海省分地区非农就业影响因素

青海省农牧民非农就业的影响因素主要分为六个维度，每个维度对农牧民非农就业影响的显著性不同。在青海省内不同地区的影响因素分析中，个人基本特征、人力资本、农业经营三个维度对不同地区具有较强的显著性影响。同时，不同地区在文化习俗等方面的差异也在实证分析中表现出了不同的显著特点，即在实证分析中除考虑进去的三个维度之外，结合托达罗理论模型，还将难以进行量化的社会环境、交易费用考虑进去，进行综合分析。

① 诺斯认为，一部分来自文化遗产，一部分来自日常问题处理，一部分来自局部学习。（《制度变迁与经济绩效》P23）

政府和市场中的经营主体仍然是非农就业中最具能动性的行为主体，对非农就业的调节具有主导作用。对不同地区的非农就业问题进行研究，需要结合该地区发展特点，找出主要问题，根据相应的传导机制，制定相应阶段最具针对性的实施方案，有的放矢地调整劳动力供给结构。例如，西宁市下辖 3 县 4 区，与省内其他地区相比，人口较为密集，经济水平和产业化水平相对发达，农牧民从事农牧业生产面临的人地矛盾相对严峻，就近进行非农就业成本相对较低。但是，西宁市作为青海省省会，城市化水平在 2020 年已经达到 78.63%，超过同期全国城市化水平（63.89%），农村剩余劳动力水平得到一定程度的释放，城乡收入差距也处于较低水平。从非农就业水平来看，西宁市的地区虚拟变量表现为负向显著。西宁市面临的非农就业的主要问题从农村剩余劳动力的转移转向提高劳动力的人力资本水平，需要依靠青海省的第二波人口红利（人口转变、人口红利与刘易斯转折点）来实现农牧民收入水平的持续提高和“后脱贫时代”农牧民收入水平长效机制的建立。而玉树州、果洛州等传统牧区具有地广人稀、城市化程度低、市场相对封闭等特征，家庭特征、人力资本是影响其非农就业的次要因素，其发展中存在的主要问题是随遇而安的文化习俗等导致的非农就业主动性的缺乏。针对这种情况，需要从以下两个方面着手：第一，通过在当地构建农业经营主体、强化产权关系、降低市场交易成本等措施形成相对完善的市场交易体系，通过市场化分工带来的交易需求提高农牧民的主观能动性。第二，进行人力资本提升，提高农牧民参与社会分工的能力，实现更广泛的非农就业。这就需要对不同地区的问题进行解构，抓住问题中的主要矛盾，再结合相应理论找到解决问题的办法，形成针对农牧民的非农就业方案。

4.2.4 破解青海省农牧民非农就业地区差异

通过农牧民的非农就业缓解人地矛盾，将劳动力转移到边际产量更高的城市工业部门，通过有针对性的精准扶贫政策，建立农牧民收入增长长效机制，避免进入“脱贫—返贫”不断循环的怪圈，是广大学者研究农牧民非农就业问题的根本目标，也是本书研究的根本目标。

青海省大部分地区工业和服务业发展水平较低，对本地劳动力的承载能力有限。在 2 市 6 州中，农业增加值占地区总产值比重超过 20%的有 4 个，而玉树州农业增加值占比达到了 57.60%①，在本地区进行就近就业的空间相对狭小，农牧民的跨区域就业又面临交易费用及生活成本提高等一系列问题。当地产业发展水平的滞后使农村劳动力的释放空间有限，农村剩余劳动力的生产能力无法充分释放。劳动力资源本身的特殊性决定了其在一段时间内的浪费就是永久性的浪费，具体体现在以下两个方面：一是某段时间劳动力资源的不可找回；二是劳动力在没有通过劳动过程积累人力资本的情况下，存在已有的人力资本逐步消失的可能。

2020 年青海省及全国的城镇就业基本情况如图 4-4、图 4-5 所示。

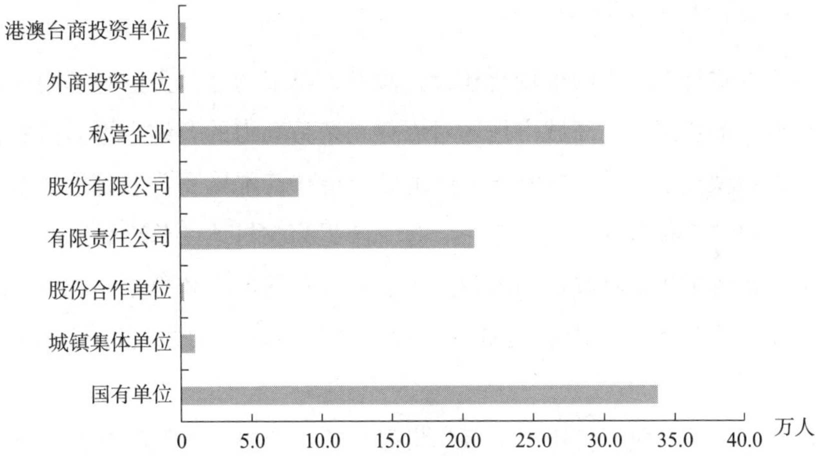

图 4-4　2020 年青海省城镇就业基本情况

资料来源：2021 年《青海统计年鉴》。

由图 4-4 和图 4-5 可知，青海省经营主体与全国经营主体对劳动力的吸纳能力存在较大差异。全国的基本情况为国有单位对劳动力的吸纳量低于私营企业，但青海省国有单位对劳动力的吸纳量甚至超过私营企业，说明市场经营主体多元化水平不足；在市场上的参与主体中，国有单位仍然占有较大

① 数据来源于 2021 年《青海统计年鉴》。

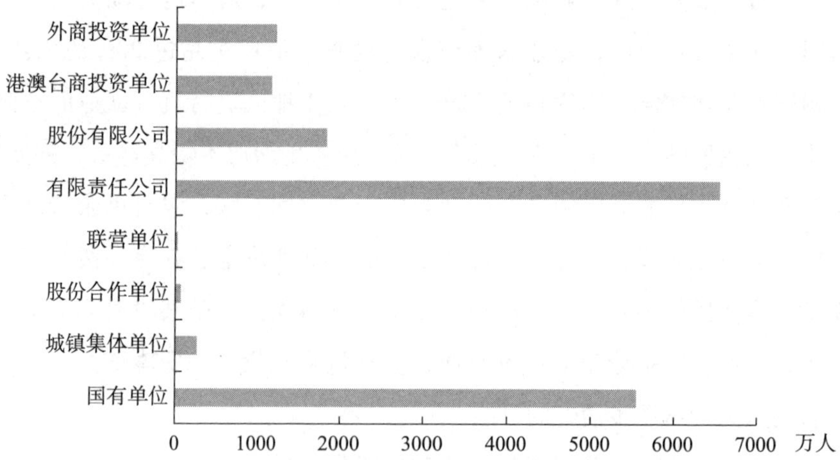

图 4-5　2020 年全国城镇就业基本情况

资料来源：2021 年《中国统计年鉴》。

比重，需要进行进一步的市场化建设，激发各类市场经营主体对不同产业进行投资建设的热情，提高城市地区对农村剩余劳动力的容纳水平。从农村地区调查的微观数据来看，青海省不同地区需要在基本城乡养老保险和医疗保险贫困人口“应保尽保”的情况下，进一步提高农村地区基础保障，减少家庭老人、未成年儿童对农村剩余劳动力非农就业的范围和稳定性约束，减少农牧民家庭因病致贫、因病返贫的情况，这是农村劳动力进行有效转移的前提。

除西宁市和海西州之外的 1 市 5 州都在产业结构上表现出对农牧业产出较为严重的依赖。农牧业专业化水平相对较低，对农产品进行精细化加工的程度不足，导致青海省产业发展水平相对较低，无法实现从发挥农产品生产特色优势向延长产业链进行农产品产业化发展的转变。青海省作为全国五大牧区之一，在畜牧业生产上具有比较优势，结合比较优势发展特色养殖业和食品加工制造业，实现产业结构优化升级，是供给侧结构性调整的有效路径。相对较低的机械化水平，如机械播种比例为 55.08%、机械收割比例为 45.08%，以及青海省农产品生产环境相对恶劣、相对较低的平均温度和湿度，使青海省 2018 年的温室面积仅有 7024. 81 公顷，排全国第 25 位①，远低于甘肃、内蒙古和宁夏等地，说明青海省在缺乏农牧业生产条件的情况下，在设施农业方面的投资存在较大缺口，即一方面存在对农牧业较强的依赖，另一方面农牧业的生产方式和产业化都处于较低水平。牧区主要分布在青海省的青南高原，作为青海省三江之源的生态重地，在进行畜牧业生产的过程中，不仅需要提高牧民的收入水平，更要保证青海省的生态价值。综上所述，青海省应做好以下两方面工作：一方面，成立生态畜牧合作社，进行畜牧业生产过程的专业化分工，释放牧区剩余劳动力；另一方面，政府对玉树、果洛、黄南等州在生态保护中做出的贡献进行转移支付，建立由当地贫困户等组成的生态养林、护林岗，为一部分牧区剩余劳动力提供就业岗位，在保护生态的同时，提高农牧民脱贫质量。

受教育程度对农村劳动力非农就业具有显著影响。在非农就业与受教育程度关系的很多研究中都论证了两者具有正相关关系，这与一般的经验事实相符。但是，在青海省调研数据的实证研究中，这两者的关系并不显著，主要原因可能在于调查样本中具有初中及以下学历的占比为 53. 67%，样本相对集中。受教育程度对非农就业的重要性和调研数据反映出的青海省基础教育相对落后的情况表明，要促进非农就业，在提高产业劳动力容纳量和农村基础保障之外，还需要通过提高受教育程度来提高劳动力的综合素质。除不同地区可度量的经济发展等方面的异质性之外，青海省典型的多民族区域在文化习俗等方面的差异对非农就业的影响，也是在相当长一段时间内研究青海地区非农就业问题无法忽略的。普通话水平作为多个模型分析中具有显著性影响的因素，在农牧民进行非农就业中的重要性不容忽视。普通话水平不高也充分体现出青海省基础教育的不足。

各州市需要合理利用行政力量，对市场“无形的手”难以解决的问题、无法合理配置的资源进行主动干预，提高本地区发展能力和发展潜力，实现劳动力结构及产业结构的升级。在农牧业自主生产发展容易跌入低水平均衡，

① 数据来源于全国温室数据系统（http：//data. sheshiyuanyi. com/AreaData/）。

即农业劳动力边际产出大于零但小于工业工资水平时，农业生产中存在隐蔽性失业现象。同时，减少农业劳动力将导致农业产出水平的降低，带来农产品价格提高和工业部门工资水平上升。在这一阶段，农业部门若不通过部门积累实现农业生产从传统农业向现代农业的转变，提高农牧业生产的机械化水平，降低对劳动力的依赖，将给整体经济发展带来较大负担，难以进入费景汉-拉尼斯模型提出的经济发展的第三阶段，这一点与张培刚提出的农业工业化理论一致。因此，市州及地方政府需结合中央政策措施的冲击力，创新政策实施模式，努力实现农牧民劳动力的有效转移。

4.3 青海省农牧民非农就业的行业影响因素

劳动力结构与产业结构的匹配是社会经济可持续发展的重要前提。劳动力市场的城乡二元分割状态是我国计划经济时代保证统购统销政策、支持重工业优先发展战略的产物，要在经济落后、缺乏比较优势的落后农业国优先发展重工业、实行赶超战略，需要限制城乡之间的要素流动，并通过统购统销政策扭曲市场价格。改革开放以后，我国逐步放开了城乡户籍限制，实行市场经济，大量农民工进城务工，使得产业结构从以资本密集型的重工业为主向以劳动密集型的轻工业为主转变。劳动密集型产业由于大量农村剩余人口的转移具有显著的比较优势，促进了轻工业的快速发展。但是，城市化建设发展的滞后和农民工市民化制度的缺失导致沿海劳动密集型产业广泛受益的“民工潮”红利迅速转变为“民工荒”问题。除轻工业发展过程中农民向市民转化的户籍制度缺失、企业用工合同不完善以及农民工社会保障制度缺失之外，产业结构调整的滞后也是导致产业发展出现劳动力短缺的重要原因。从数据上看，2016—2020 年，全国乡村就业人口从 3.42 亿人次下降到 2.88 亿人次，而城镇就业人口从 4.21 亿人次上升到 4.63 亿人次[①]，5 年间乡村就业人口的减少总量稍大于城镇就业人员的增量。城镇就业人口的增加和乡村

① 资料来源于 2021 年《中国统计年鉴》。

就业人口的减少，一方面由于乡村人口的转移，另一方面由于城市地区就业人口本身的增加；乡村就业人口的减少，一部分是年龄、身体条件等导致的流失，另一部分是城镇化推进“村转居”带来的农村人口转变为城市人口，但其中较大部分依然是以农村居民身份前往城镇地区进行非农就业的人员。有关数据显示，城镇就业人员增加数等于乡村就业人员减少数，表明城市部门就业存在巨大压力——城市发展过程中不仅要解决本地城市居民的就业，还要承接来自乡村地区的就业者。

除农村劳动力向城市转移总量不断增加给城市部门带来的压力之外，劳动力结构与产业结构的不匹配是城市部门发展面临的更为长期、影响更为深远的问题。在农村剩余劳动力非农就业过程中，一方面出现了如珠三角地区依靠传统劳动密集型产业发展面临劳动力不足的问题，另一方面出现了每年大量毕业生和新生代农民工就业难的问题。前者劳动力不足导致劳动力价格上升，劳动密集型产业向内地及东南亚地区转移，降低了沿海地区对低门槛劳动力的吸纳能力；后者劳动力大量失业使得社会公共治理成本上升，容易导致社会问题。沿海地区产业发展与劳动力匹配方面的实践，可以为内陆城市发展提供借鉴。研究非农就业问题，目的就是在农村剩余劳动力转移提高农民收入水平的同时，避免城市产业结构与劳动力结构出现较大差异，形成严重的社会问题，即结合劳动力结构与产业结构、城乡一体化进行综合考量，实现经济的持续性发展。

由于农村劳动力在人力资本、社会资源等方面的弱势地位，农村居民非农就业相对城镇居民存在就业面窄、可替代性强、稳定性不足等问题，难以通过城镇就业实现实际收入和未来预期收入水平稳定，真正融入城市生活。据统计，2020 年，外出农民工中具有初中文化水平的占比最大，达到 55.40%，大专及以上文化水平的仅占 12.20%；在行业分布上，制造业、建筑业、批发零售业和餐饮服务业为农民工群体就业较为集中的行业，占比分别为 27.30%、18.30%、12.20% 和 6.50%①。从行业分布来看，农民工群体

① 资料来源于《2020 年农民工监测调查报告》。

的非农就业行业大多存在就业稳定性差的问题：一方面，制造业、餐饮业等本身拉动强度较大，员工流动性强，劳工合同等保障农民工就业的合法程序不完善；另一方面，农村劳动力的核心竞争力相对较弱，难以随着产业发展积累可供晋升的人力资本，一旦面临产业转型等情况，就可能首先被淘汰。

综上所述，虽然对农村居民非农就业问题的研究相对较多，但从不同行业对农民非农就业影响因素方面进行研究的相对较少，因而深入研究农牧民集中所处行业的类型和发展特点，以及对劳动力需求的结构变化，对于解决农牧民通过非农就业实现稳定脱贫不返贫问题具有十分重要的意义。不同地区产业结构和劳动力结构存在较大差异，因而结合地区实际情况探究农民非农就业的行业影响因素具有重要的现实意义。

4.3.1 行业影响因素梳理

关于非农就业不同行业分布特征的研究相对较少。吴柯等（2017）梳理出农村居民非农就业聚集的 7 个典型行业，基于甘肃省 4 县 12 乡 588 个样本数据，采用 Logit 模型对非农就业的人力资本和社会资本因素进行分析。赵杨等（2015）根据全国劳动力统计基本情况及全国统计报告，找出城市部门对农民工就业吸纳能力较强的 7 个重点行业，并分析了这 7 个行业对农民工群体就业的吸纳效率以及行业与农民工收入水平的相关度。黄春燕（2010）通过构建全国不同行业 2003—2007 年影响因素的面板回归模型，对 19 个不同行业的影响因素进行了分析。

对农民群体不同行业就业影响因素的研究有通过调查的微观数据进行分析的，也有对行业的宏观数据进行分析的，这两类研究都反映了对应的非农就业的特点。随着城镇化的迅速推进和产业结构在市场需求变化中的调整，不同地区的产业结构和劳动力结构表现出较强的异质性，地区研究在精准性方面具有更高的价值和更现实的意义。一方面，体现在不同地区资源禀赋、地理区位、市场开放水平等决定了当地产业的比较优势；另一方面，体现为劳动力结构调整的周期性决定了其调整速度将长时间滞后于产业结构调整，即不同地区产业发展潜力存在差异。劳动力结构要与产业结构协调。劳动力作为产业发展的投入要素之一，对产业发展水平有巨大影响。

2019 年，在青海省三次产业劳动力就业结构中，第三产业劳动力占比最高，为 47.70%，第二产业劳动力占比最低，为 20.40%，而第二产业增加值占地区生产总值的比重达 39.1%，反映了青海省以重工业为主的资本密集型产业结构对劳动力的吸纳能力相对不足。第一产业劳动力占比 31.90%对应产出的 10.20%，表明青海省农业剩余劳动力相对较多，向第二、第三产业转移的潜力较大。

如图 4-6 所示，第二产业对劳动力的容纳水平在 2012 年达到 74.52 万人之后缓慢回落，整体波动在 10 万人左右；第一产业和第三产业呈现出明显的相反走势，且上升和下降幅度基本保持负相关，第三产业劳动力增加的人数比第一产业劳动力减少的人数多 25.97 万人，这说明第三产业对劳动力的吸纳能力潜力巨大。2020 年，青海省第三产业劳动力就业占比为第二产业的 2 倍多，与调查样本中的比例情况基本一致。

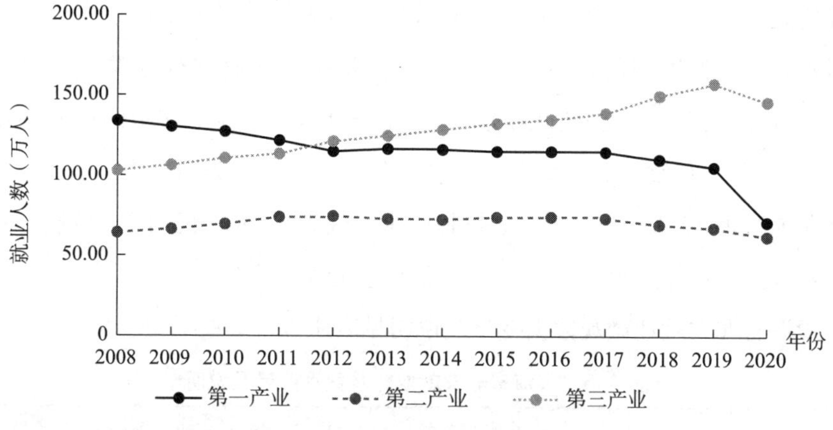

图 4-6　2008—2020 年青海省劳动力结构分布

资料来源：2021 年《青海统计年鉴》。

如图 4-7 所示，在 8 个行业中，公共管理、社会保障和社会组织吸纳劳动力的能力最强，其次是制造业，这也恰好反映了青海省城镇就业数据中国有单位就业吸纳能力强于私营部门的特殊情况。在 8 个行业中，制造业和建筑业属于工业部门，其余 6 个行业均属于服务业部门，与产业劳动力分布情况匹配。

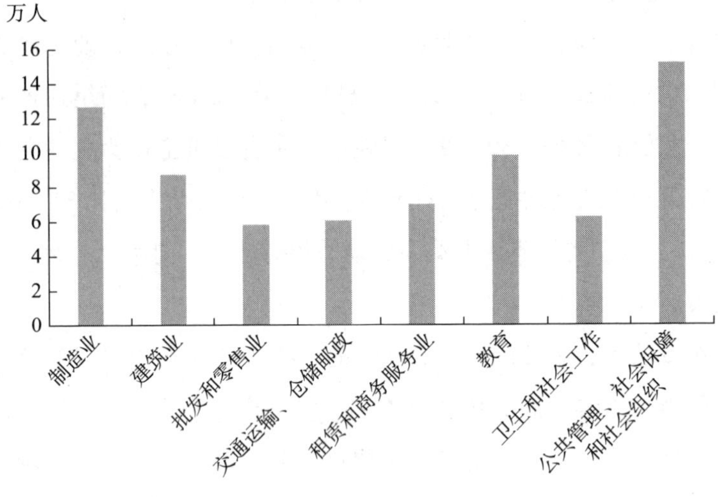

图 4-7　2020 年青海省行业劳动力分布

资料来源：2021 年《青海统计年鉴》。

本书对在青海省田野调查中收集到的微观数据进行劳动力行业从业情况实证研究。由于调查中就业情况相对分散，为避免设置因变量过多导致样本数量不足，对收集到的样本按照农业、工业和服务业进行分类。采用多值 Logit 分析需要满足因变量选项的相互排斥条件，因而删除在不同产业从业样本 34 个，剩余有效样本 325 个，其中：农业从业人数为 207 人，记为 1；工业从业人数为 39 人，记为 2；服务业从业人数为 79 人，记为 3。显然，农业样本量最大，可作为第二、第三产业实证过程的参考。

青海省非农就业微观数据变量及说明见表 4-5。

表 4-5　青海省非农就业微观数据变量及说明

变量	变量解释	均值	标准差	最小值	最大值
非农就业 y	参加＝1，不参加＝0	0.363	0.482	0	1
性别 x_1	男＝1，女＝2	1.329	0.471	1	2
年龄 x_2	少年＝1，青年＝2，中年＝3，中老年＝4，老年＝5	3.175	0.957	1	5
民族 x_3	汉族＝1，回族＝2，土族＝3，蒙古族＝4，撒拉族＝5，藏族＝6，其他＝7	4.280	2.102	1	7

续表

变量	变量解释	均值	标准差	最小值	最大值
受教育程度 x_5	没上过学 = 1，小学 = 2，中学 = 3，高中或职高 = 4，大专及以上 = 5	2. 640	1. 522	1	5
身体状况 x_6	5 级量表表示程度由低到高	2. 782	1. 180	1	5
普通话水平 x_7	5 级量表表示程度由低到高	2. 105	0. 969	1	5
职业技能数量 x_8		3. 714	0. 963	1	4
学龄前儿童数量 x_9		0. 560	0. 741	0	4
65 岁以上老人数量 x_{10}		0. 465	0. 705	0	3
水电等基础设施情况 x_{13}	5 级量表表示程度由低到高	2. 757	0. 693	1	5
非农产业支持 x_{15}	有 = 1，没有 = 0	0. 486	0. 501	0	1
就业培训参加情况 x_{16}	是 = 1，否 = 0	0. 566	0. 496	0	1
家庭种植业经营 x_{17}	是 = 1，否 = 0	0. 477	0. 500	0	1
家庭畜牧业经营 x_{18}	是 = 1，否 = 0	0. 348	0. 477	0	1

通过对青海省产业结构和劳动力结构的宏观数据进行分析，本章做出以下假设：

假设 4-6：男性在工业就业中具有显著优势，女性在第三产业就业中具有显著优势。从青海省产业结构来看，工业中以矿产资源开采和初步加工为主的重工业占据较大比重，在就业环境中男性优势相对较大，第三产业以服务为特征，女性相对更有优势。

假设 4-7：人力资本对工业和第三产业都具有显著正向影响，与工业的正向相关水平更高。人力资本与非农就业正向相关的结论与较多研究和经验事实相符。青海省重工业占比相对较高，作为资本密集型产业，可能与人力资本存在更明显的正相关关系。

假设 4-8：家庭特征对工业和第三产业有显著负向影响。家庭中的老人和儿童显然会影响劳动力非农就业的稳定性，但青海省人口结构相对年轻，第七次全国人口普查数据显示，青海省 65 岁以上老人所占比重仅为 8. 68%，仅次于西藏、新疆和广东等地，家庭中老人负担相对较轻。

假设 4-9：社会环境和外部因素对非农就业具有显著正向影响，就业培训、产业扶持等对工业就业具有更显著的影响。2020 年，青海省出台《关于实施农民工稳就业职业技能培训计划的通知》，对失业农民工、农牧区转移就业劳动力、返乡农民工等进行了以工代训、定岗培训、创业培训等多种形式的培训，但在实际推行过程中，显然工业企业更具有规模优势，很容易采用以工代训等转化效率较高的培训形式。

4.3.2 行业影响因素实证

对于不同行业劳动力特征等方面的影响因素进行分析，因变量不是 0 和 1 的二值选择，而是存在着多种相互排斥的选择方案。根据数据样本的实际情况，设置青海省非农就业的行业选择类型为 3 类，分别为农业就业、工业就业和服务业就业，设置随机效应函数为

$$u_{ij}=x'_i\beta_j+\varepsilon_{ij} \quad i=1，2，\cdots，n；j=1，2，3$$

其中，u_{ij}表示不同方案的效用函数，i 为收集到的样本个体，j 为不同选择方案；x_i 为 6 个维度的 18 个变量，且不随方案变化；β_j 表示不同方案效用函数的系数向量；ε_{ij}表示随机干扰项。

当随机干扰项 ε_{ij}服从独立同分布假定时，可得选择方案 j 的概率为

$$P(y_i=j \mid x_i)=\frac{\exp(x'_i\beta_j)}{\sum_{k=1}^{j}\exp(x'_i\beta_k)}$$

显然，各方案概率之和等于 1。由于无法识别所有系数，需要设置一个方案作为参照方案（Base Category），然后令其相应系数为 0。由此设定多值 Logit 模型（Multinomial Logit Model）如下：

$$P(y_i=j \mid x_i)=\begin{cases}\dfrac{1}{1+\sum_{k=1}^{j}\exp(x'_i\beta_k)} & j=1\\[2ex] \dfrac{\exp(x'_i\beta_j)}{1+\sum_{k=1}^{j}\exp(x'_i\beta_k)} & j=2，3\end{cases}$$

采用最大似然估计方法，用 Stata15.1 软件进行估计，结果见表 4-6。

表 4-6　青海省非农就业行业影响因素回归结果

变量	变量解释	工业	服务业
性别 x_1	男 = 1，女 = 2	−0.227 (0.192)	1.373*** (0.311)
年龄 x_2	少年 = 1，青年 = 2，中年 = 3，中老年 = 4，老年 = 5	0.914*** (0.130)	0.787*** (0.117)
民族 x_3	汉族 = 1，回族 = 2，土族 = 3，蒙古族 = 4，撒拉族 = 5，藏族 = 6，其他 = 7	−0.305*** (0.00852)	0.0695*** (0.0204)
受教育程度 x_5	没上过学 = 1，小学 = 2，中学 = 3，高中或职高 = 4，大专及以上 = 5	0.0625 (0.102)	0.598*** (0.0655)
身体状况 x_6	5 级量表从 1 到 5 表示程度依次升高	0.676*** (0.235)	0.179 (0.253)
普通话水平 x_7	5 级量表从 1 到 5 表示程度依次升高	0.568*** (0.184)	0.564*** (0.173)
职业技能数量 x_8		0.0891 (0.176)	0.140 (0.0936)
学龄前儿童数量 x_9		−0.00206 (0.119)	−0.0805 (0.121)
65 岁以上老人数量 x_{10}		−0.0717 (0.436)	0.349 (0.581)
水电通信等基础设施情况 x_{13}	5 级量表从 1 到 5 表示程度依次升高	0.658** (0.262)	0.161 (0.130)
非农产业支持 x_{15}	有 = 1，没有 = 0	0.901*** (0.307)	2.241*** (0.160)
就业培训参加情况 x_{16}	是 = 1，否 = 0	1.150*** (0.0274)	0.921*** (0.216)
家庭种植业经营 x_{17}	是 = 1，否 = 0	−3.774*** (1.315)	−6.777*** (1.676)
家庭畜牧业经营 x_{18}	是 = 1，否 = 0	−2.733 (1.794)	−5.467*** (1.635)
常数		−8.019*** (0.833)	−6.969*** (1.381)

注：***、** 分别表示 $p<0.01$、$p<0.05$；括号内为标准误差；参考其他行业的资料，所有系数均取值为 0。

由表 4-6 的回归结果可知，样本总体拟合程度较好，且多数变量对不同方案存在较强的显著性。其中，农业从业人口较多，占调查总量的63.69%，作为参考方案，系数全部为0。

从实证结果来看，性别对工业从业存在负向影响，但不显著，可能的原因是工业从业样本量相对较少，但在一定程度上也反映出青海省不同产业从业特征与一般经验性认知相符，工业部门就业环境在劳动类型、劳动环境以及社会认知方面有利于男性从业者；女性在服务业中表现出显著的正向效应，反映了服务业对女性的容纳水平较高，与一般认为服务业在岗位要求等方面有利于女性从业者的经验性判断相符，与根据青海省宏观经济环境提出的假设相近。

年龄与工业和服务业都存在显著的正相关关系，并且对工业的影响水平高于服务业，原因可能在于工业生产存在较强的规范性，对生产过程中可能存在的风险警惕性较高，需要设置一定的年龄门槛作为企业安全施工的保障。服务业无论在生产的规模上还是在经营的规范性上，与工业企业都有一定差距。民族因素与工业和服务业就业分别存在负向和正向的显著相关性，主要原因可能在于青海省工业企业主要分布于以西宁市为中心的东部地区和柴达木盆地，出于历史原因，工业企业存在大量随工业产业建设而来的内地汉族工人，导致其内部汉族工人较多，而服务业不存在以上情况，并且青海省地区生态旅游发展以及循化县进行的民族特色技能培训导致省内少数民族人口在服务业发展中具有独特地位。

受教育程度、普通话水平和职业技能数量对非农就业的影响存在较大差异，说明人力资本维度内部对青海省非农就业的影响存在较大差异。其中：普通话水平对工业和服务业就业的影响水平相近，均为显著正向影响；职业技能数量对非农就业的影响不显著；受教育程度对服务业就业存在显著正向影响，对工业就业的影响不显著。这些差异反映了青海省不同产业对劳动力能力结构的需求和地区目前非农就业面临的主要矛盾。例如，普通话水平对不同产业的非农就业表现出相近的显著正向影响，说明青海省当前非农就业的主要矛盾表现在语言的不通畅上。在可胜任的工作类别中，66.97%的被调查者认为自己掌握了1~2项工作技能，52.29%的被调查者认为自己掌握的谋生技能水平一般，但在职业技能数量对非农就业的影响上，无论是工业就业还是服务业就业，都表现为不显著，原因可能是让农牧民从熟悉的环境走出去的主要因素不在于是否掌握足够数量的谋生技能，而在于能否通过语言的顺利沟通融入陌生的环境。受教育程度对工业就业的影响不显著，与服务业就业有显著的正相关关系，主要原因可能在于从事加工制造、建筑施工等工业行业对学历水平要求不高或者学历并不是农牧民在工业行业工作的主要影响因素，而服务业中如广告设计、行政事业单位的公共管理等，需要相应的受教育程度作为门槛。

家庭特征对工业、服务业非农就业的影响都不显著，即家庭中的老人和儿童都没有对农牧民非农就业造成显著影响。一方面，可能是青海省劳动力结构相对年轻，老人数量相对较少，并且较多尚有劳动能力，并没有给家庭带来负担。广泛存在的情况是，家庭中的老人在没有重大疾病的情况下，一般能坚持劳动，不仅不会影响家庭中劳动力的非农就业，还会给留守儿童提供相应照料，释放家庭中劳动力外出就业的潜力。另一方面，可能是青海省农牧民对下一代教育的压力相对较轻，对下一代作业辅导及学习进度监督投入的时间和精力相对较少。田野调查的问卷分析结果也反映了这个情况，如对孩子作业辅导情况的反馈，22.94%的被调查者几乎没有对孩子进行过作业辅导，22.87%的被调查者较少对孩子进行作业辅导，经常和一直对孩子进行作业辅导的只有23.15%。家长对子女教育投入的时间和精力较少，且家中长辈没有因重大疾病等影响基本劳动能力，导致在家庭特征中，儿童数量和65岁以上老人数量对非农就业的影响均不显著。

社会环境对非农就业的影响与预期假设存在一定差异，主要表现在村基础设施和经济发展水平对服务业就业水平的影响不显著。社会环境与工业就业正向显著相关的原因可能在于良好的基础设施与经济状况为信息流通和城乡要素流转提供了良好的基础条件，既有利于就地工业化带来就业，也有利于劳动力向城市地区进行流转实现城市工业就业。而社会环境对服务业就业影响不显著的原因可能在于经济情况和基础设施相对较好的村大多处于县城周边，要素相对集中，进行工业就业具有显著优势，对服务业就业的影响相对较弱。

非农产业扶持和就业培训对农牧民不同产业的非农就业水平具有显著的正向影响，其中非农产业支持对服务业非农就业影响较大，对工业非农就业影响相对较小。非农产业扶持政策受惠于乡村振兴战略中提出的农村第一、第二、第三产业融合发展和农村集体产权制度改革中进行的农村集体经济“破零”工程。农村第一、第二、第三产业融合发展的主要作用在于延长了农业产业链，农产品可以就近加工，从而将形成的价值增值更多地留在农村，释放给农牧民，显著提高农牧民工业非农就业水平。农村集体经济推进“破零”工程，旨在释放农村集体资产潜力，结合地方特点发展特色产业，如特色养殖、设施农业、农业托管、农业专业化服务等，以及土地流转、进行农业适度规模经营，释放农村劳动力潜能。从样本数据实证结果来看，相关政策对农村非农产业的扶持在释放农牧区劳动力潜能、促进农业生产规模化等方面的效果相对更好。就业培训对工业就业影响相对较大，对服务业就业影响相对较小。2019 年 1 月，青海省印发《关于推行终身职业技能培训制度的实施意见》，推行终身职业技能培训机制的构建，尝试结合产业和经济发展特征进行劳动力结构的供给侧改革；2019 年 9 月印发的《关于印发青海省职业技能提升行动实施方案（2019—2021 年）的通知》，对农村转移劳动力、新生代农民工、下岗失业人员等进行岗前培训、在岗培训、脱产培训等多种形式的培训活动，以期适应全省经济社会发展需求；2020 年 7 月印发的《关于推行终身职业技能培训制度的实施意见》，对在 2020 年受到新冠疫情影响的返乡农民工、农牧区转移劳动力等进行以工代训、定岗培训、创业培训等形式的就业培训。从微观数据分析结果来看，可能由于工业企业规模化生产模式更适合作为政策实施的主体进行以工代训等形式的职业技能培训，工业就业水平显然大于服务业就业水平。

种植业和畜牧业经营对非农就业具有显著的负向影响，说明农业经营对劳动力时间、精力等的占用非常明显。在农业生产中，除种植或养殖大户能够通过农业经营实现收入提高、生活水平改善之外，大部分农业劳动者仅能通过农业经营赚取生存口粮，无法实现生活水平的改善。在 359 个有效样本中，非农就业的样本有 152 个，其中兼职畜牧业的有 20 个，占总体的 13.16%；兼职种植业的有 25 个，占总体的 16.45%。在生产现代化水平相对较低的情况下，农业生产对劳动力的占用效应极为显著。要充分释放农牧区剩余劳动力，在进行产业发展和提高农牧民技能水平的同时，需要在农牧区深入推进农村集体产权制度改革：一方面，提高农村集体要素（如土地、草场等）的流转水平；另一方面，建立信息相对透明的地区集体要素流转交易平台，充分激活农村市场，通过农牧区的适度规模生产，解放剩余劳动力，减小农地、草场对劳动力要素的约束。

4.3.3　行业影响因素机制分析

由实证结果可知，在影响非农就业的 6 个维度中，外部影响因素和农业经营对非农就业的影响最为显著，即政府在非农产业支持、农村劳动力非农就业培训方面的措施对非农就业具有显著的推动作用，而农业经营对农村劳动力的束缚也对非农就业具有较大的抑制作用；个人基本特征和人力资本对农村劳动力非农就业的影响在不同产业存在一定的差异，其中普通话对所有非农产业就业都存在显著正向影响，民族特征对工业就业存在显著负向影响，对服务业就业存在显著正向影响；学龄前儿童对劳动力非农就业存在一定约束，65 岁以上老人数量尚未表现出对劳动力非农就业的较强依赖，水电等基础设施情况对工业和服务业就业都表现出正向影响，是否有非农产业支持对工业和服务业都有正向影响。

在产业结构演进的相关研究中，威廉·配第（1690）提出农业收益小于工业收益、工业收益小于商业收益的产业结构理论，不同产业收益的差距会进一步导致劳动力由收益低的部门流向收益高的部门，克拉克（1940）在收集若干国家经济资料进行佐证的基础上，将全部产业划分为第一、第二、第三产业，并将威廉·配第的理论进一步发展为“配第-克拉克定理”，即随着国民收入水平的提高，劳动力会逐步从农业向第二产业转移，并进一步向第三产业转移。根据威廉·配第的理论，劳动力转移的前提是国民收入水平提高，产业结构演进的核心是就业结构与产业结构同步变动。

20 世纪 40 年代，库兹涅茨通过对 20 多个国家经济发展数据的整理和研究，对“配第-克拉克定理”进行了拓展，对三次产业结构演进的内部特征进行了进一步的研究。多数国家农业的比较劳动生产率①小于 1，而第二、第三产业比较劳动生产率大于 1。随着收入水平提高，农业增加值占比和劳动力占比同时下降，但农业增加值占比下降速度比劳动力占比快，表现出劳动力供给结构调整由于人力资本培养周期较长等存在一定的滞后性；第二产业增加值占比普遍上升，但劳动力占比存在一定差异，综合表现为略微增加或几乎没有变化；第三产业增加值占比一般表现为下降趋势，但劳动力占比几乎在所有国家数据中都表现为上升趋势，说明第三产业劳动力吸纳能力较强。20 世纪 60 年代，霍利斯·钱纳里（Hollis Chenery）对 101 个国家 21 年的经济数据进行归纳分析，提出了产业结构的“标准发展模式”，认为经济发展存在某种相同的规律。

2020 年，青海省三次产业增加值占比分别为 11.10%、38.10% 和 50.80%，劳动力占比分别为 25.45%、22.22%和 52.33%，劳动力正在持续从农业部门向工业部门和服务业部门转移，但农业部门的比较劳动生产率依然为 0.31，存在较大向工业、服务业进行劳动力转移的空间。课题组进行田野调查时发现，虫草挖掘收入在当地农牧民收入中占比相对较大，且产地广泛分布于玉树州、果洛州、黄南州、海南州、海北州等地。由于青海省冬虫夏草的高品质、高产量以及高价值，产地附近农牧民家庭收入大多受益于冬虫夏草的挖掘。因此，在进行非农就业研究时，需要对冬虫夏草挖掘的相关情况进行分析。基于微观数据调查所得样本非农就业的产业结构与基于宏观数据进行的研究结论相近，如图 4-8 所示。

产业结构演进相关理论不断发展，但其基本原则没有变化，就是随着产业结构的演进，与产业结构适配的劳动力结构需要同步调整。由于产业结构的调整跟随市场消费结构的变化，调整速度较快，而劳动力结构调整存在着人力资本培养的周期性和就业结构调整过程中相互匹配的交易费用，存在较

① 比较劳动生产率=产业增加值比重/产业劳动力比重。

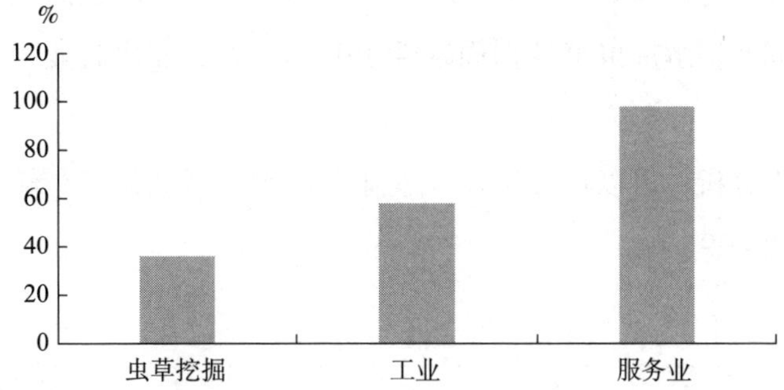

图 4-8　青海省非农就业分行业就业率

为明显的滞后期，需要采取适当的外部干预措施调整市场在资源配置过程中的滞后性，缓解因资源配置不当带来的经济波动。另外，除产业结构随着国民收入水平提高进行的调整之外，产业内的行业结构也要进行相应调整。例如，农业中小规模的农业种植转向油料作物、枸杞等经济作物的种植，2010—2020 年青海省小麦作为主粮作物，播种面积从 112420 公顷下降到 94790 公顷，油料、蔬菜等经济作物播种面积从 252790 公顷增加到 281390 公顷。第二产业中劳动密集型的轻工业向资本密集型和技术密集型的重工业转变，青海省因盐湖资源和自然资源等较为丰富以及相应的政策影响，工业部门主要产品为铜、锌、铅等矿产资源，钾肥、农用化肥以及纯碱、烧碱等盐湖资源，轻工业产品如食品制造业产品、棉纺织业产品占比极低。第三产业从各行业联系较为简单的行业化分工向行业间相互依赖程度逐渐加强的专业化和技术化转变。2010—2018 年，青海省技术合同成交额从 11.46 亿元增加到 79.35 亿元①。不同行业对劳动力在个人基本特征、人力资本等方面的要求存在差异，需要劳动力结构随之进行相应调整。

此外，冬虫夏草作为青海省的地理标志产品，具有产量大、品质好、价格高等特质，为当地农牧民带来了较高收益。2021 年 5 月，虫草批发价格为 2000 条 15 万~16 万元。综合考虑传统产业结构发展理论和当地经济特色，青海省将虫草挖掘作为农业产业结构体系之外的经济补充进行价值开发，如对

① 资料来源于 2019 年《青海统计年鉴》。

虫草产地按照承包经营、按时收费等形式进行资源开发，显然能在提高当地收入水平的同时，解决虫草挖掘周期性引起的农牧民非农就业稳定性降低的问题。

通过以上分析，可以梳理出非农就业劳动力在产业间进行转移的影响机制，具体如图 4-9 所示。

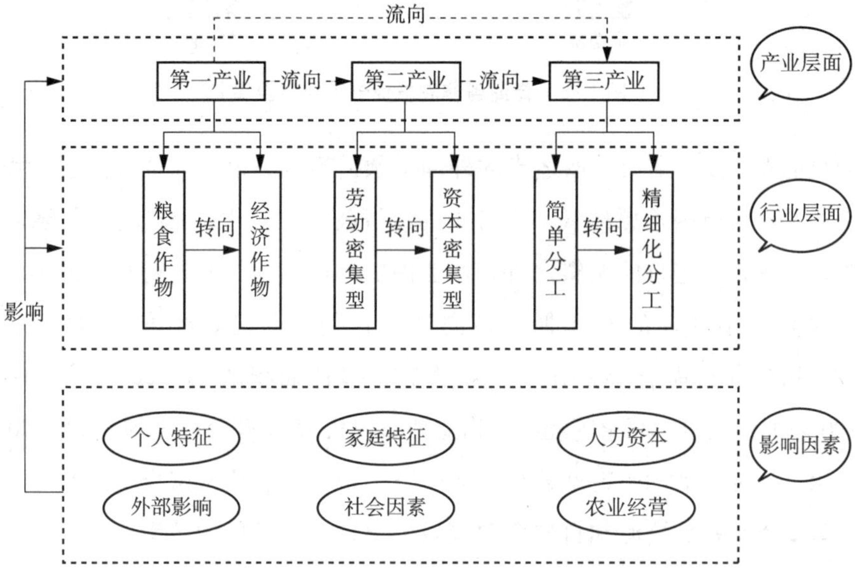

图 4-9　非农就业行业影响机制分析

产业转型与产业内部不同行业发展的调整需要结合有为政府和有效市场的相关机制，即坚持市场对资源要素配置的主体地位，同时发挥政府的协调和服务功能。从青海省劳动部门的分布中可以看出，公共部门对劳动力的吸纳能力超过了私营企业，反映出青海省市场经济发展水平相对较低，不同类型经营主体的市场活力不足，需要通过政府公共服务质量的提升和相关措施的支持，激活市场经营主体的活力和创造性，同时调整非农就业劳动力的人力资本，形成市场中经营主体和劳动力两类最具能动性的主体的主动性。过去青海省形成了以重工业为主的产业发展特征，在新的发展阶段，青海省需要着力做好以下两方面工作：一方面，结合科研和技术力量，将重工业以原料开采为主逐步转向原材料在本地精加工，延长产业价值链；另一方面，抓住内地产业升级的机遇进行转型——将沿海、内地进行转型的劳动密集型的轻工业企业通过政策支持、产业园建设等，结合青海省农牧业剩余劳动力转移和劳动力相对年轻的特点，进行产业承接，即促进产业发展需要考虑本地资源禀赋和发展特点，盲目跟风“互联网+”、物联网等数字产业热潮容易导致重投入、低回报的资源浪费。

4.3.4　突破青海省农牧民非农就业行业限制

在宏观层面上，应促使产业结构和不同行业随市场需求进行快速调整，以实现不同部门供给与需求的匹配。劳动力随着产业结构的调整向工资水平更高的部门流动，也表现为在同一产业内，从收益水平低的行业流向收益水平高的行业。在微观层面上，不同产业和行业对劳动力人力资本与社会资源的要求不同，受教育程度较高的劳动力更能适应产业调整和行业发展的变化。农村转移的非农就业劳动力普遍存在受教育程度较低、综合素质较差等问题，一般从事门槛较低、容易被替代、失业风险相对较高的工作，一旦面临经济周期性波动或外部冲击，失业风险远高于其他行业的从业者。在产业结构演进过程中，普遍存在劳动密集型向资本密集型和技术密集型发展模式转变的现象，即存在部分技术水平较低的就业岗位被资本和技术替代的趋势，农民工就业存在较高的结构性失业风险。

青海省在农业农村部门就业的劳动力比例从 2010 年的 41.40%下降到 2020 年的 25.45%，与此同时，第三产业劳动力占比不断提高，第二产业几乎没有变化，与库兹涅茨提出的产业结构演进理论一致。第二产业中重工业占比持续处于较高水平，对劳动力的容纳量变化不大。在沿海劳动密集型产业受制于用地成本、劳动力价格等向国外及内地进行转移的过程中，青海省充分利用地方用地成本相对较低、农业劳动力转移潜力相对较大等优势成为内地轻工业转移的承接地。发展部分轻工业，既可以解决农牧民的非农就业问题，也可以在县级单位打造现代化产业园区，对地方基础设施进行建设和升级。

不同地区城镇就业存在一定差异。2015—2020 年青海省非农就业人员行业从业趋势如图 4-10 所示。

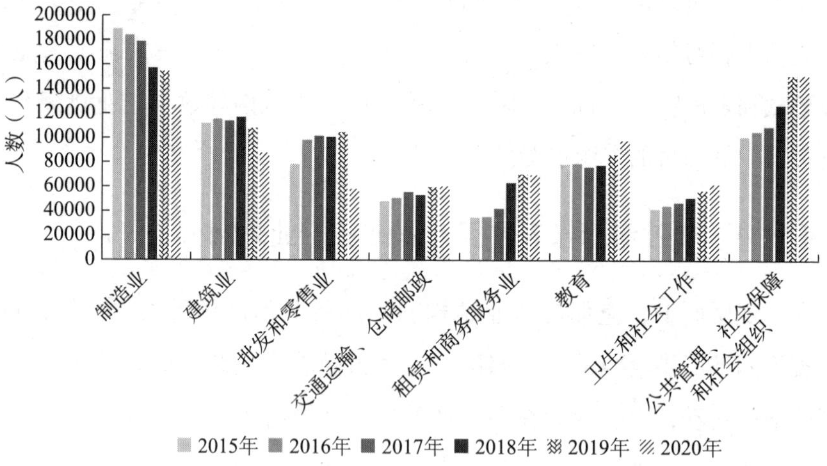

图 4-10　2015—2020 年青海省非农就业人员行业从业趋势

资料来源：2016—2021 年《青海统计年鉴》。

从图 4-10 中可以看出，2015 年就业人数最多的是制造业，随着技术进步和产业转型，制造业对劳动力的吸纳能力持续下降，到 2020 年，制造业从业人数低于公共管理、社会保障和社会组织。批发和零售业，交通运输、仓储邮政，教育等服务行业对劳动力的吸纳能力持续上升。可见，青海省工业部门除表现出重工业所占比重较大之外，还表现出制造业等工业产业中的资本和技术对劳动力的逐步替代，对劳动力的吸纳能力逐步降低。

在青海省非农就业研究中，城镇地区劳动力从业情况反映出了农村劳动力进行非农转移潜在的从业领域以及各部门对劳动力的容纳量，对于农牧民的具体从业特征，还需要结合农牧区实际调研数据进行微观上的具体研究。

课题组在田野调查中，对农牧区的农牧民进行了实地采访和信息收集，发现在 359 个有效样本中，非农就业样本为 152 个，占样本总量的 42. 34%，农牧区农业经营占比超过 50. 00%，表明农牧区进行非农就业的劳动力转移具有较大潜力；在非农就业中，建筑施工行业、家政服务行业、酒店餐饮娱乐业等门槛较低的行业从业人员较多，金融行业、广告设计、法律咨询等技术门槛相对较高的行业从业人员较少。2020 年青海省非农就业人员行业分布结构如图 4-11 所示。

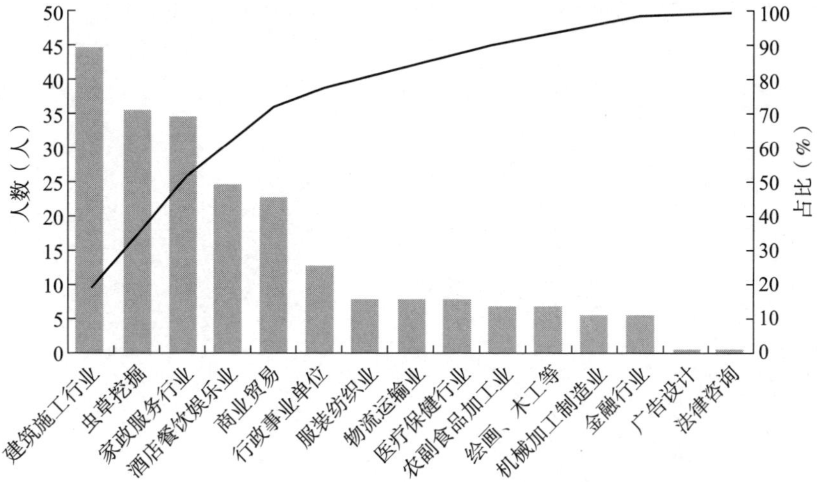

图 4-11　2020 年青海省非农就业人员行业分布结构

资料来源：2020 年课题组田野调查。

在图 4-11 中，虫草挖掘作为具有地方特色且对家庭收入水平影响较大的个体经营项目，参与人员相对较多；行政事业单位对农牧民非农就业的吸纳能力排名靠前，与青海省宏观就业数据中公共服务部门占比较大的情况一致；服装纺织业以及机械加工制造业从业人数相对较少，反映出青海省工业产业结构中轻工业占比相对较小、重工业部门集中在各类矿产和盐湖资源开发方面、积累技术优势进行长效发展能力相对不足的产业结构发展模式。

市场机制在进行要素资源配置的过程中，存在各类经济主体逐利行为导致经济波动扩大的情况，需要政府结合产业结构和行业发展趋势进行适当干预：一方面，结合劳动力培养周期长的特点，适当延长资本对劳动力的替代过程；另一方面，进一步释放农牧区边际产品较低的劳动力，提高其职业技能水平，将其转移到边际产品更高的产业。此外，还可结合不同地区的资源禀赋、文化习俗等开发如虫草挖掘、乡村旅游、青绣、唐卡等具有地方特色的个体经营项目，灵活实施青海省人力资源和社会保障厅印发的《关于实施农民工稳就业职业技能培训计划的通知》，降低结构性失业水平。

第5章

青海省农牧民非农就业的增收减贫效应

5.1 青海省农牧民非农就业增收减贫问题总结

5.1.1 解决相对贫困难

在多大程度上解决贫困问题就会在发展上取得多大成功，然而贫困本身是一个复杂的课题，需要将其置身于特定人群、空间及社会发展的不同阶段，才具有现实意义。我国农村人口的贫困问题是制约农村发展的主要问题，尤其是农村人口的物质贫困问题，是制约农村经济发展的关键问题。这就意味着农村经济的发展问题转变到了农村人口物质贫困问题的解决上来。我国农村人口的物质贫困分为两个阶段：一是愁吃和穿，教育、医疗以及住房无法得到保障的绝对贫困阶段；二是“两不愁，三保障”得到基本满足，即农村贫困人口的基本健康、教育等人力资本培育的条件得到满足后，其合理发展机会未得到满足的相对贫困阶段。习近平总书记在中国共产党成立100周年大会上庄严宣布：“经过全党全国各族人民持续奋斗，我们实现了第一个百年奋斗目标，在中华大地上全面建成了小康社会，历史性地解决了绝对贫困问题，正在意气风发向着全面建成社会主义现代化强国的第二个百年奋斗目标迈进。”这意味着在现行标准下我国9899万农村贫困人口全部脱贫，832个贫困县全部摘帽，12.8万个贫困村全部出列，区域性整体贫困得到解决，绝对贫困的艰巨任务得以完成，我们从全面建成小康社会向共同富裕的社会主义现代化阶段迈进，同时从绝对贫困阶段迈入了相对贫困阶段。通过脱贫攻坚战解决农村人口绝对贫困问题已然成为全面建成小康社会的底线任务，解决相对贫困问题仍将成为共同富裕现代化阶段实现的底线任务。对青海省来说，省内42个贫困县（市、区、行委）1622个贫困村53.9万贫困人口全部脱贫退出，实现了绝对贫困全面“清零”目标，高原生态大省从此告别绝对贫困，进入共同富裕的现代化阶段，踏上解决相对贫困问题的新征程。

5.1.2 促进农牧民增收难

中央一号文件多次提到，“三农”问题的核心是农民问题，农民问题的核心是增收问题，农民收入长期上不去，不仅影响经济的发展，而且影响社会的稳定。这意味着在解决农村人口的贫困问题、衡量农村减贫效果上，能否促进农民增收成为一个基本量化指标。之所以将收入作为衡量农村人口贫困的基本指标，在于收入在农村家庭经济生活中的基础地位。收入是消费和储蓄的基础，收入的多寡关系到农村家庭在衣食住行上的消费水平的高低，更关系到储蓄水平以及由储蓄带来的再生产投资水平的高低。农民收入水平的提高必然为农村经济发展奠定厚实的微观基础。国内外在制定绝对贫困或相对贫困标准时，始终把收入作为衡量的基本指标。例如，我们熟悉的贫困线指标，世界银行报告指出，按照购买力平价计算，要将国际贫困线标准从此前的1.25美元/（人·天）上调至1.90美元/（人·天）。根据我国经济社会发展的阶段性变化，我国的绝对贫困线标准由1978年的100元/（人·年）提高到2008年的1196元/（人·年），再到2011年的2300元/（人·年）。从相对贫困角度看，在实践中，发达国家根据当前收入均值或中位数的40%~60%设定客观相对贫困线（Fuchs，1969）。国内也有学者将农村居民平均收入水平与0.4~0.5的均值系数相结合来确定相对贫困线（陈宗胜等，2013）。这说明以收入指标为基础、以促进农牧民增收来衡量青海省农牧区农牧民的减贫状况具有合理性。

5.1.3　加大非农就业力度难

青海省以高原为主的自然地理特征、地广人稀的资源禀赋状况、地处西部的区位特征，使农村地区人民的增收方式以传统的农牧业为主。随着近年来西部大开发战略的实施、东西协作机制的快速推进、社会主义市场经济的不断发展，青海省农村地区的农牧民开始广泛从事兼业活动，非农就业活动随之增加，工资性收入和财产性收入逐渐增多，促进了农牧民收入渠道的多元化，改变了以往单一的经营性收入结构，收入结构更趋合理。据统计，2000 年，青海省农村人均纯收入为 1490.6 元，其中工资性收入 312.3 元，经营性收入 1119.8 元，财产性收入和转移性收入分别为 24.7 元、33.8 元，分别占农村人均纯收入的 21.0%、75.1%、1.7%和 2.3%。这说明在西部大开发战略实施初期，青海省内农牧民的增收渠道仍是传统的农牧业生产经营，并且在以传统农牧业生产经营为主的生产方式下，收入水平相对较低，农牧业生产经营的增收效益有限。2012 年，青海省农村人均纯收入为 5364.4 元，但其结构发生了显著性变化。工资性收入上升明显，与 2000 年相比，上涨了 5 倍多，达到 1989.7 元；经营性收入 2221.9 元，比 2000 年上涨了近 1 倍；财产性收入变化不大，为 95.3 元；转移性收入上升明显，为 1057.5 元。以上 4 项收入分别占农村人均纯收入的 37%、41%、2%和 19%。这意味着西部大开发战略实施以来，青海省经济发展活力进一步增强，省内农村地区农牧民增收渠道逐渐多元化，非农工资性收入占比逐渐增大。此外，转移性收入占比逐渐提升，对农村地区的政策扶持力度不断加大。进入经济发展新时期以来，随着精准扶贫、脱贫攻坚战略的实施，青海省农村地区的人均可支配收入水平进一步提高，农牧民收入结构显著改善。截至 2020 年，青海省农村人均可支配收入达到 12342.27 元，工资性收入、经营净收入、财产净收入和转移性收入分别为 4005.67 元、4884.80 元、414.20 元和 3037.60 元，占人均可支配收入的比重分别为 32%、40%、3%和 25%①。在青海省农村地区农牧业生产经营优势得到深层次释放的同时，非农工资性收入在农牧民收入结构中的地

---

① 资料来源于 2001 年、2013 年及 2021 年《青海统计年鉴》。

位越发重要。

我们再看同时期青海省农村劳动力的非农就业情况。据统计，2000 年，青海省农村就业人数为 179.97 万人，其中：农林牧渔业的就业人数为 142.25 万人，占农村总就业人数的 79%；建筑业和工业等第二产业的就业人数为 11.15 万人，占比仅为 6%；服务业的就业人数为 19 万人，占比为 11%。可见，非农产业就业人数占比仅为 17%。非农产业就业人数比例低的状况与前文描述的同时期青海省农牧民人均纯收入低的状况吻合，表明非农产业就业比越低，人均纯收入水平越低。2012 年，青海省乡村就业人数为 203.1 万人，其中：农林牧渔业就业人数降至 114.9 万人，占比为 56%；第二产业就业人数上升至 40.0 万人，占比为 20%；服务业就业人数为 48.2 万人，占比为 24%。可见，非农产业就业人数占比明显增加，同时期农村人均纯收入水平也显著提升。截至 2020 年，青海省乡村就业人口增至 213 万人，农林牧渔业就业人数占比进一步降至 54%，农村人口第二产业和第三产业就业比重分别为 19%和 27%，非农就业人口比重进一步增加，服务业就业人口比重增长尤其迅速。同时期青海省农村人均可支配收入显著增加。最终可以发现，青海省农村人均可支配收入会随着乡村人口就业中非农就业比重的变化而表现出同向变化的趋势。这说明，非农就业在促进农牧民增收方面发挥着积极作用，深入研究非农就业的增收效应，对于提升农牧民收入水平、改善农牧民消费状况和农牧区相对贫困状况具有重要的现实意义。

5.1.4 提升非农就业增收效应难

进行非农就业增收效应的阶段和空间特征研究，有助于提升农牧民非农就业增收效应。青海省地处青藏高原和黄土高原地区，面积 72.23 万平方千米，为我国行政面积大省，地广人稀，省内各地区地形和气候相差较大，经济社会发展情况并不一致，因而笼统地分析农牧民非农就业活动的收入效应并不能得到全面而准确的结论。本章从省级层面出发，结合青海省自然、地理区位、经济发展、功能区划等因素对其非农就业活动进行三大地域类型的划分，以便分析农牧民非农就业活动的增收效应是否存在地域上的差异，并进一步探索各地域非农就业活动的增收路径，提高非农就业活动的增收效益。此外，根据新古典经济学理论，任何一项经济活动所带来的收益都不是一成不变的，在原有生产条件不变的情况下，一项经济活动的深入开展必然会带来收益的波动，这就要求我们在研究农牧民非农就业收入的过程中，关注非农就业活动增收效应的阶段性变化。

在青海省农牧区三大地域类型划分原则中，自然地形条件和功能区是首要划分依据。青海省东部为黄土高原，北部为祁连山，中部为青海湖，西部为柴达木盆地，西南大部分属于青藏高原地区；在海拔和海陆因素的影响下，东部的黄土高原和西南部的青藏高原部分地区属于季风区，中部的青海湖和西部的柴达木盆地属于非季风区，以内流湖泊、河流为主。在发展战略上，随着生态文明建设步伐的加快，青海省逐渐确立了生态优先的发展战略，并确立了《青海省主体功能区划》（以下简称《区划》），依据自然资源状况和社会经济发展状况，综合评价各单元资源环境承载能力、现有开发强度、发展潜力和人居适宜性。《区划》指出："省域主体功能区划分为重点开发区、限制开发区和禁止开发区三类，没有优化开发区域；重点开发区域，包括东部重点开发区域和柴达木重点开发区域；限制开发区域，包括国家级三江源草原草甸湿地生态功能区、祁连山冰川与水源涵养生态功能区和省级东部农产品主产区、中部生态功能区；禁止开发区域，包括国家级自然保护区、国家风景名胜区、国家森林公园、国家地质公园等20处，面积22.11万平方公里。"以上表述说明，青海省东部地区以及柴达木地区开发的性质较为突出，三江源地区生态保护的性质比较显著，祁连山、青海湖地区生态保护功能较为明显。随着经济结构的调整，创新发展和绿色发展将成为未来经济发展的主要形式，柴达木地区经济势必向低碳循环、绿色创新方向转型，其绿色生态发展将越发凸显。结合本章研究的需要，我们在研究过程中将青海省划分为三大区域：环祁连山-青海湖-柴达木地区，突出生态经济发展；将黄河、长江以及澜沧江发源地各区域统一归为三江源地区，突出生态功能保护；将黄土高原地区的西宁市、海东市及周边部分县归为西宁-海东都市圈，突出城市经济发展。这三大区域的具体划分见表5-1。

表 5-1　青海省三大区域的具体划分

地域类型	行政区域范围	行政区域数量
环祁连山-青海湖-柴达木地区	门源县、祁连县、海晏县、刚察县、共和县、格尔木市、德令哈市、乌兰县、都兰县、天峻县	10
三江源地区	玛沁县、班玛县、甘德县、达日县、久治县、玛多县、玉树市、杂多县、称多县、治多县、囊谦县、曲麻莱县、泽库县、河南县、同德县、兴海县	16
西宁-海东都市圈	城东区、城中区、城西区、城北区、大通县、湟中县、湟源县、平安区、乐都区、民和县、互助县、化隆县、循化县、同仁市、尖扎县、贵德县、贵南县	17

西宁-海东都市圈主要位于青海省东部，是青海省非农经济最为发达的地区，也是人口最为集中的地区，更是城市人口最为集中的地区，区内农业和牧业兼营。全省约60%的人口集中分布在这个区域。三江源地区主要位于青海省南部，是黄河、长江和澜沧江的流经地，生态环境较为脆弱，生态地位非常突出，区域内人口较为稀少，主要分布在地势较低的谷地，区域内以发展牧业为主。环祁连山-青海湖-柴达木地区主要位于青海省北部地区，区域内生态环境较为脆弱，生态地位突出，种植业和畜牧业并存，非农经济较为发达。

本章结合精准扶贫以来的宏观经验数据、计量经济实证模型对青海省整体及三大区域农牧民非农就业与收入的阶段性特征进行经验分析，以期把握农牧民非农就业与增收的关系、农牧民非农就业对增收的促进程度，为进一步发挥非农就业在解决农牧民增收和减贫方面的积极作用提供理论支撑。

5.2　青海省农牧民非农就业增收减贫效应分析

5.2.1　青海省农牧民非农就业增收减贫效应设计

梳理相关文献可以发现，有关学者在进行非农就业与减贫关系研究时，多从农户家庭等微观视角进行考察，包括绝对贫困（柳建平等，2019）和相对贫困（周力等，2020；徐爱燕等，2021）。尽管利用农户非农就业与减贫统计资料从微观层面对非农就业的减贫效应进行经验研究具有重要的理论和现实意义，但是由于数据时间跨度较大，微观经验数据很难反映非农就业与减贫之间的动态变化规律，因而所得出的结论也具有很大的局限性。此外，也有学者从宏观视角研究非农就业与贫困之间的关系。任军营等（2014）利用陕西省 1992—2012 年的非农就业数据和农村人均纯收入统计资料构建了农民非农就业与其贫困状况之间的误差修正模型。研究发现，农民非农就业对其贫困状况有显著影响，长期内有利于改善农民的贫困状况，但该研究基于绝对贫困的概念。如今，我们已经进入相对贫困阶段，绝对贫困阶段的经验研究方法表现出了较大的局限性。为了继续对非农就业的减贫效应进行研究，有关学者利用表征减贫效应的基本指标即人均可支配收入的增长来替代贫困，从研究农民非农就业的减贫效应转移到研究农民非农就业与农民收入增长的关系上来，通过研究农民非农就业的增收效应，揭示非农就业活动的增收规律，构建合理的农民非农就业增收路径，进一步提升非农就业的增收效益，以缓解相对贫困问题。方方等（2019）以京津冀地区为研究范围，探讨地区乡村非农就业与农民增收和农村发展之间的辩证关系，在此基础上，结合乡村劳动力非农化率与农民增收之间的趋势特征和状况，构建不同的非农就业地域模式，为不同地域非农就业收入可持续增长提供了理论支撑。借鉴已有文献的研究思路，本章从宏观角度基于前文所划分的三大区域以及精准扶贫以来的统计资料，对青海省农牧民非农就业活动的增收效应进行阶段分析和空间地域类型分析。

5.2.2　青海省农牧民非农就业增收减贫研究的方法选择

本章的研究思路如下：第一，进行非农就业增收效应的研究方法设计；第二，运用计量分析软件测算非农就业增收效应的阶段性和地域性结果；第三，对非农就业增收效应的测算结果进行分析；第四，根据分析结果，探讨基于不同阶段和地域类型的农牧民非农就业增收路径。非农就业增收效应的研究方法有两个：一是阶段性特征研究方法，二是地域空间特征研究方法。

在实证方法中，分位数回归方法常用于研究因变量随自变量变化而呈现出的阶段性变化特征，因此本章利用面板分位数回归模型研究农牧民非农就业增收效应的阶段性特征。此外，农牧民非农就业活动不仅影响本地区农牧民的收入，还会通过影响邻近地区农牧民非农就业而影响邻近地区农牧民收入。这表明农牧民非农就业的增收效应存在地域相关性。在实证研究方法中，考虑空间相关性的空间计量模型恰好能够用于分析农牧民非农就业活动增收效应的空间溢出效应。

在对农牧民非农就业增收效应进行测算的过程中，计量统计软件的使用为我们获得计算结果提供了较大便利。为了得到较为精确的实证结果，并使结果更为清晰，本章利用经典的 Stata16. 0 软件对非农就业增收效应的分位数结果和空间溢出效应进行测度，并对测度结果进行整理。本章会对整理后的结果进行经济统计分析，着重分析非农就业增收效应的阶段性趋势特征和空间溢出特征，进一步从非农就业促进农牧民增收的机理层面对实证结果进行阐述。最后，提炼出不同地域以及不同阶段非农就业的增收路径，为更好地发挥非农就业在促进农牧民收入增长方面的积极作用提供科学的理论指导。

5. 3　青海省农牧民非农就业增收效应的实证分析

5. 3. 1　非农就业增收效应实证设计

为了研究非农就业率对农牧民人均可支配收入的影响，本书构建以下模型：

$$y_i = \beta_0 + \beta_1 unfarm_i + \beta_2 gender_i + \beta_3 knows_i + \beta_4 indust1_i + \beta_5 indust2_i + \beta_6 regions_i + \beta_7 agrid_i + \varepsilon_i$$

其中，$\beta_0 \sim \beta_7$ 表示模型的系数；i 表示样本中的第 i 个县；$unfarm_i$ 表示第 i 个县的非农就业率；$gender_i$ 表示第 i 个县的非农就业性别结构；$knows_i$ 表示第 i 个县的非农就业知识结构；$indust1_i$ 表示第 i 个县的非农就业行业结构 1；

$indust2_i$ 表示第 i 个县的非农就业行业结构 2；$regions_i$ 表示第 i 个县的非农就业地区结构；$agrid_i$ 表示第 i 个县的农业发展水平；ε_i 表示误差。

首先，采用普通最小二乘法（OLS）进行回归，但是 OLS 回归只能得到非农就业率对农牧民人均可支配收入的条件期望影响。传统的回归模型不能解释在不同非农就业率下农牧民人均可支配收入的变化，这使得非农就业率对青海省农牧民人均可支配收入影响刻画的准确性大大降低。基于此，本节采用分位数回归模型。分位数回归模型是对均值回归的拓展，可以估计非农就业率对被解释变量即农牧民人均可支配收入在每个分位点上的影响，同时面板分位数回归的假设条件相对宽松，当数据出现尖峰或者厚尾的分布时，不易受到极端值的影响，稳健性更好，这为回答目前农牧民非农就业率对人均可支配收入提高影响的争论提供了证据。本章以青海省人均可支配收入为被解释变量，以非农就业率为解释变量，探究青海省人均可支配收入随非农就业率变化呈现出的阶段性变化，以对不同阶段的变化给予一定的解释并提出合理的建议。建立分位数回归模型如下：

$$Q_q(y_i \mid x_i,\ z_i) = \beta_{0q} + \beta_{1q}x_i + \beta_{2q}z_i + \varepsilon_i$$

其中，y_i 表示农牧民人均可支配收入；x_i 表示非农就业率；z_i 表示非农就业性别结构、非农就业知识结构、非农就业行业结构 1、非农就业行业结构 2、非农就业地区结构、农业发展水平；ε_i 表示误差。

空间计量模型是计量经济学中比较常用的，通过空间权重矩阵定义空间上各地区距离的远近，通过时间滞后定义时间上的邻居，不仅考虑时空特征，还将空间效应纳入研究体系，可使模型的估计更加有效。本章在非农就业增收效应的地域空间特征研究中，首先，进行空间自回归，反映研究区域人均可支配收入、非农就业率两个指标的空间相关程度。全局 Moran's Ⅰ指数能够刻画变量的整体分布情况，判断整体区域的特征。本章用距离函数定义空间权重矩阵。其次，依据空间相关性检验的结果，若青海省农牧民的人均可支配收入与非农就业率之间存在空间相关性，则需要采用空间回归模型进行回归估计，进一步判断两个指标之间的空间效应机制。本章主要采用的空间自回归模型为空间滞后模型（SLM）和空间误差模型（SEM）。

面板 SLM 如下：

$$y_{it} = \rho \sum_{j=1}^{N} \omega_{ij} y_{jt} + x_{it}\beta + \mu_i + \varepsilon_{it} \quad i = 1, 2, \cdots, N; t = 1, 2, \cdots, T$$

式中，i 表示时间，t 表示地区，j 表示自回归项；y_{it}是被解释变量，表示 i 时间 t 地区的农牧民人均可支配收入；y_{jt}表示 j 时间的滞后项对 i 时间影响下的人均可支配收入；x_{it}是解释变量，即非农就业率；ρ 表示空间滞后系数；μ_i 表示个体效应；ω_{ij}表示空间上 i 与 j 是否有联系。

面板 SEM 如下：

$$y_{it} = x_{it}\beta + \mu_i + \varphi_{it}$$

$$\varphi_{it} = \lambda \sum_{j}^{N} \omega_{ij}\varphi_{jt} + \varepsilon_{it}$$

其中，φ_{it}为中间变量，表示 i 时间 t 地区含有空间权重的自回归过程；λ 表示路径系数；ε_{it}表示 i 时间 t 地区的随机误差。

基于 2011—2020 年青海省县域面板数据对青海省整体的非农就业率与农牧民的人均可支配收入进行空间回归，之后对青海省的西宁-海东都市圈、环祁连山-青海湖-柴达木地区和三江源地区，采用空间自回归模型测算农牧民非农就业对其增收的空间效应，并针对不同区域提出针对性的建议。

5.3.2 非农就业增收效应的变量选择和说明

被解释变量：农牧民人均可支配收入。

解释变量：农牧民的非农就业率，反映农牧民由从事农业及畜牧业向非农业部门转移的趋势。

控制变量：非农就业性别结构、非农就业知识结构、非农就业行业结构 1、非农就业行业结构 2、非农就业地区结构、农业发展水平。

非农就业增收效应变量描述性统计见表 5-2。

表 5-2 非农就业增收效应变量描述性统计

变量		计算公式/数据来源	平均值	标准差	最小值	最大值
被解释变量	农牧民人均可支配收入（元）	《青海统计年鉴》	9495. 94	3544. 96	3033. 98	22524. 59
解释变量	非农就业率（%）	非农就业人数/乡村就业人数	33. 04	26. 96	0. 822	99. 92

续表

变量		计算公式/数据来源	平均值	标准差	最小值	最大值
控制变量	非农就业性别结构（%）	女性非农就业人数/乡村就业人数	47. 20	3. 22	35. 42	64. 99
	非农就业知识结构（%）	非农就业高中及以上/非农就业初中、小学及文盲	14. 76	15. 31	0. 06	101. 56
	非农就业行业结构 1（%）	工业建筑业/乡村就业人数	12. 65	11. 68	0. 24	37. 71
	非农就业行业结构 2（%）	服务业/乡村就业人数	13. 38	11. 51	0. 03	75. 42
	非农就业地区结构（%）	省外就业/外出就业	89. 00	13. 41	17. 36	100. 00
	农业发展水平（元）	《中国统计年鉴》	55403. 54	45599. 76	717. 78	213717. 60

5. 3. 3　非农就业对人均可支配收入面板分位数回归

考虑到青海省农牧民人均可支配收入的不同影响阶段，采用分位数回归考察青海省农牧民非农就业率对人均可支配收入影响因素的异质性，回归结果见表 5-3。

表 5-3　青海省非农就业对人均可支配收入的面板分位数回归结果

变量	人均可支配收入				
	OLS	q25	q50	q75	q90
非农就业率	62. 85*** (-13. 1)	80. 43*** (-18. 85)	62. 61*** (-18. 22)	49. 51** (-23. 73)	17. 25 (-24. 94)
非农就业性别结构	-212. 2*** (-46. 89)	-184. 6*** (-70. 16)	-203. 9*** (-55. 56)	-167. 3** (-77. 45)	-131. 6 (-106)
非农就业知识结构	96. 97*** (-12. 31)	90. 85*** (-20. 65)	100. 3*** (-23. 38)	126. 9*** (-30. 57)	123. 6*** (-36. 57)
非农就业行业结构 1	-89. 64*** (-23. 5)	-93. 97*** (-31. 43)	-92. 00*** (-29. 00)	-114. 2*** (-32. 71)	-82. 13** (-37. 27)
非农就业行业结构 2	21. 95 (-22. 46)	6. 049 (-29. 22)	23. 34 (-34. 8)	57. 77 (-59. 87)	90. 72* (-54. 96)

续表

变量	人均可支配收入				
	OLS	q25	q50	q75	q90
非农就业地区结构	33.26*** (−12.32)	8.22 (−12.77)	33.77*** (−10.45)	46.02*** (−17.53)	81.84*** (−20.36)
农业发展水平	−0.00506 (−.0037)	−0.00094 (−0.00397)	−0.00415 (−0.00452)	−0.00514 (−0.0039)	−0.0115 (−0.0051)
常数	14.391*** (−2.399)	12.880*** (−3.523)	13.780*** (−2.831)	12.677*** (−4.185)	10.304* (−5.535)

注：***、**、*分别表示在1%、5%、10%的水平上显著；括号内为标准误差。

从表5-3中可以看出，非农就业率对农牧民人均可支配收入有显著的正向影响，提高非农就业率会促进农牧民对人均可支配收入的追求。随着分位数的增加，非农就业率的回归系数呈现出不断下降的趋势（从80.43降到17.25）。这表明，非农就业率对农牧民人均可支配收入条件分布左端值的影响大于右端值，换言之，提高非农就业率对人均可支配收入较低的农牧民影响更大，即人均可支配收入水平越低的农牧民，非农就业率对其促进作用越大。

在其他控制变量中，非农就业性别结构对农牧民人均可支配收入的影响是显著负向的；非农就业知识结构对农牧民人均可支配收入的影响是显著正向的，这说明农牧民掌握的非农就业知识越多，其人均可支配收入增加得越多；非农就业行业结构1和非农就业性别结构对农牧民人均可支配收入的影响是负向的；非农就业行业结构1和非农就业地区结构在1%的水平上显著。

从图5-1中可以看出，非农就业率对人均可支配收入具有显著的正向影响，在不同的人均可支配收入水平上，其影响因素存在差异，非农就业率对农牧民人均可支配收入的影响整体呈现出下降的变化特征。人均可支配收入对非农就业率的影响随着非农就业率的提高而减小。这说明，人均可支配收入较低的农牧民更易通过非农就业提高收入。非农就业率在25%~50%分位点的下降速度高于50%~75%分位点，在75%~90%分位点的下降速度最快。2019年青海省全体居民人均可支配收入为22618元，由此可知，人均可支配收入在11309~16963.5元［22618×（50%~75%）］区间时，非农就业率对人均可支配收入增长的减缓速度最小，即在此区间非农就业率对人均可支配收入仍然有正向影响，但速度是降低的，且速度的降低是最慢的。

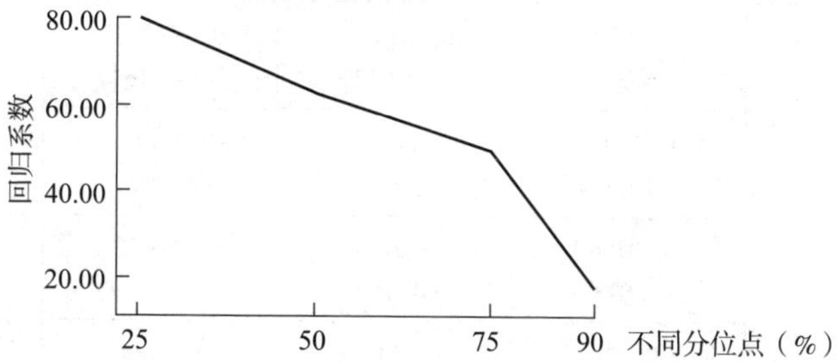

图 5-1　青海省非农就业率对人均可支配收入影响的分位数回归分析

人均可支配收入在 16963.5～20356.2 元区间［22618×(75%～90%)］时，非农就业率对人均可支配收入增长的减缓作用最大。这是因为，此区间的收入最接近人均可支配收入，这会导致非农就业率对人均可支配收入的影响没有上一阶段大。

5.3.4　青海省非农就业对人均可支配收入的空间效应

2010—2020 年，青海省人均可支配收入与非农就业率全局的 Moran's I 指数在 1%的水平上均显著为正，这说明青海省人均可支配收入与非农就业率之间存在空间依赖关系，因而需要进一步建立空间回归模型进行定量判断。本次空间回归借助软件 Stata16.0 实现。青海省总体空间回归结果见表 5-4。

表 5-4　青海省总体空间回归结果

	SLM		SEM	
	固定效应系数	随机效应系数	固定效应系数	随机效应系数
常数	—	4.367*** (−0.672)	—	10.47*** (−0.565)
ln*unfarm*	0.0162 (−0.0198)	0.0238 (−0.0208)	0.0109 (−0.0177)	0.0176 (−0.019)
ln*gender*	−0.193 (−0.137)	−0.242* (−0.143)	−0.124 (−0.121)	−0.179 (−0.129)

续表

	SLM		SEM	
	固定效应系数	随机效应系数	固定效应系数	随机效应系数
ln*knows*	0. 130*** (−0. 0177)	0. 141*** (−0. 017)	0. 0770*** (−0. 0164)	0. 0915*** (−0. 0172)
ln*indust*1	−0. 0320*** (−0. 0099)	−0. 0320*** (−0. 0105)	−0. 0277*** (−0. 00987)	−0. 0244** (−0. 0106)
ln*indust*2	0. 0106 (−0. 0132)	0. 0195 (−0. 0142)	0. 00232 (−0. 0129)	0. 00761 (−0. 0139)
ln*regions*	−0. 0214 (−0. 0551)	−0. 00258 (−0. 0576)	−0. 0784* (−0. 0451)	−0. 0575 (−0. 0485)
ln*agrid*	−0. 0285*** (−0. 00624)	−0. 0289*** (−0. 00664)	−0. 0646*** (−0. 0108)	−0. 0613*** (−0. 0113)
log*lihood*	241. 2465	149. 4919	222. 4444	125. 3738
时间	2013—2020 年	2013—2020 年	2013—2020 年	2013—2020 年
样本数	344	344	344	344
R^2	0. 426	0. 464	0. 473	0. 323
ρ	0. 716***	0. 684***	—	—
Hausman 检验	23. 16***	—	6. 78	—

注：*、**、***分别表示在 10%、5%、1%的水平上显著；括号内为系数标准差。

从表 5-4 的回归结果来看，Hausman 检验结果在 1%的显著性水平上拒绝原假设，说明应选择固定效应模型。SLM 模型和 SEM 模型均宜采用固定效应模型。log*lihood* 是判断采用 SLM 模型还是 SEM 模型的指标，该指标数值越大，拟合优度越好。结果表明，SLM 模型估计结果优于 SEM 模型，宜采用 SLM 模型。空间滞后系数 ρ 显著为正，表明青海省非农就业率与人均可支配收入之间有较强的空间关联，即农牧民非农就业活动不仅影响本地区农牧民的收入，也对相邻地区产生了正向溢出效应。解释变量的回归系数为 0. 684，说明非农就业率有利于农牧民人均可支配收入水平的提高。非农就业率每提高 1 个单位，农牧民的人均可支配收入平均增长 0. 684 个单位，而农业发展水平与农牧民人均可支配收入之间具有显著的负向关系。

从表 5-4 中可以看出，解释变量以及各控制变量对农牧民人均可支配收入的影响程度不同。青海省非农就业率对农牧民的人均可支配收入有明显的带动作用，与农牧业生产相比，非农就业的增收效应更加高效。在这种情况下，农牧民更倾向于选择非农就业，以获取更高的收入。但这同时意味着农牧民要在一定程度上舍弃部分农牧业带来的收益，即农牧民非农就业的过程与农业发展水平具有此消彼长的关系，非农就业对农牧民增收的作用越大，农业发展水平对农牧民的增收作用越小。因此，从回归系数来看，农业发展与农牧民的人均可支配收入呈负相关关系。从非农就业的性别结构来看，女性非农就业人数在乡村就业人数中的占比对农牧民人均可支配收入的系数为负，女性非农就业人数在乡村就业人数中的占比越高，人均可支配收入越低。非农就业的知识结构对农牧民人均可支配收入有显著的正向作用，这说明农牧民掌握的非农就业知识越多，越有利于其非农就业，从而有助于提高其人均可支配收入。这与一般事实一致。非农就业行业结构 1 即农牧民非农就业选择从事工业的比例对农牧民非农就业具有显著的负向影响，非农就业中选择从事工业的农牧民比例越大，越不利于农牧民人均可支配收入的增长。这是由于农牧民在工业中主要从事体力劳动，技术含量相对较低，相对收入也较低。与此相反的是，非农就业行业结构 2，即农牧民非农就业时选择服务业的比例，对人均可支配收入的影响是正向的，原因主要是服务业相比工业对知识储备的要求更高，收入也相对高一些。从非农就业地区结构来看，省外就业人员占外出就业人员比例对青海省农牧民人均可支配收入有负向影响。青海省地处我国西部，经济发展水平与东部沿海地区有较大差距，这主要体现在非农就业岗位的提供以及非农就业工资水平上。因此，省外就业相比省内就业有一定的优势，对农牧民人均可支配收入的提高也具有促进作用。

Hausman 检验与 log*lihood* 结果表明，三个区域均宜采用固定效应模型，西宁-海东都市圈空间滞后模型统计学意义较好，而环祁连山-青海湖-柴达木地区和三江源地区空间滞后效应较好。表 5-5 的分区域空间回归结果显示，空间滞后系数 ρ 显著为正，表明各地区非农就业率与农牧民人均可支配收入的空间趋同效应显著。由解释变量的回归系数可知，只有西宁-海东都市圈在 1%的水平上显著，其他两个区域均表现为不显著。

表 5-5　青海省分区域空间回归结果

	西宁-海东都市圈	环祁连山-青海湖-柴达木地区	三江源地区
ln*unfarm*	0.628*** (-0.183)	0.0914 (-0.123)	0.014 (-0.016)
ln*gender*	-0.268 (-0.329)	-0.0175 (-0.243)	-0.260* (-0.139)
ln*knows*	0.159** (-0.0638)	0.182*** (-0.0426)	0.0068 (-0.0137)
ln*indust*1	0.0801* (-0.0415)	-0.0642** (-0.0262)	-0.0165** (-0.00711)
ln*indust*2	-0.017 (-0.0292)	-0.00243 (-0.0444)	-0.00617 (-0.0126)
ln*regions*	-0.259 (-0.303)	-0.163 (-0.315)	0.0558 (-0.0403)
ln*agrid*	-0.0590*** (-0.0114)	-0.0443*** (-0.0221)	0.0356** (-0.015)
log*lihood*	94.8022	53.3123	119.8826
模型	SEM	SLM	SLM
时间	2013—2020 年	2013—2020 年	2013—2020 年
样本数	136	80	128
ρ	0.562***	0.449***	0.829***

注：*、**、***分别表示在 10%、5%、1%的水平上显著；括号外为系数估计值，括号内为系数标准差。

西宁-海东都市圈分布的城市主要是黄土高原地区的西宁市、海东市及周边部分县，该区域经济相对发达，非农就业岗位相对充沛，为农牧民提供了很好的非农就业条件。该地区非农就业转移比例较高，农牧民更容易获得较多的非农就业机会和较高的工资性收入，对农牧民非农就业的转移作用最大。该区域非农就业结构 1（工业建筑业/乡村就业人数）在 10%的水平上对农牧民人均可支配收入的影响显著为正，这与其经济发展状况及经济结构密切相关。

环祁连山-青海湖-柴达木地区生态保护作用突出，区域内生态环境较脆弱，生态保护地位明显，农业发展对农牧民人均可支配收入呈现出显著的正向影响。这说明该区域种植业和畜牧业相对发达，农牧民更多从事种植业和畜牧业。这会在一定程度上限制该区域的非农就业率，进而限制该区域农牧民的收入。

三江源地区主要是黄河、长江、澜沧江发源地，该区域非农就业结构 1（工业建筑业/乡村就业人数）对农牧民人均可支配收入的影响显著为负，农业发展对农牧民人均可支配收入具有显著的正向影响。该区域生态环境脆弱，容易遭到破坏，因而该区域重点突出生态功能保护。此外，该区域人口稀少，主要分布在流域地势较低的谷地，以发展农牧业为主。该区域生态保护优先的定位限制了其经济发展，经济总量相对较低，交通等基础设施落后，导致其非农就业吸纳能力有限，农牧民非农就业困难。

青海省分区域空间特征分析见表 5-6。

表 5-6　青海省分区域空间特征分析

地区	类型	现状	存在问题	实施途径
西宁-海东都市圈	就业平稳型+农工商主导	该区域经济发展水平较高。2019 年，该区域人均可支配收入为 12315.3 元，所能提供的非农就业岗位较多，非农就业率为 62.9%，非农就业转移对人均可支配收入的带动作用较大	农牧民的非农就业知识技能比较匮乏，大多从事知识技能较低的行业，农牧民人均可支配收入的增收效应相对有限	充分发挥大城市都市圈对非农就业的带动作用，提高农牧民的专业知识技能，积极推动农牧民向第二、第三产业发展，鼓励农牧民就近就业
环祁连山-青海湖-柴达木地区	兼业型+种植业和畜牧业主导	2019 年，该区域人均可支配收入为 15448.59 元，非农就业率较低，仅为 34.92%。非农就业转移对农牧民非农就业的带动作用较小	该区域受地理环境因素的影响，从事非农就业的机会成本较高，传统的种植业以及畜牧业在一定程度上抑制了非农就业的发展	持续推动该区域劳动力的非农就业转移，推动第一、第二、第三产业的融合发展，扩宽非农就业渠道，积极鼓励劳动力外出就业
三江源地区	就业输出型+生态旅游主导	该区域经济发展水平相对较低。2019 年，该区域人均可支配收入为 9871.90 元，非农就业率较低，仅为 10.93%，农牧民的生活相对困难，非农就业对农牧民增收作用较大	该区域生态功能保护作用突出，水源保护与生态保护功能定位在一定程度上限制了其非农就业的发展	加强政府财政的转移支付，持续推动劳动力的非农就业转移，积极开展旅游相关产业的发展，为非农就业提供更多岗位

资料来源：2019 年《青海统计年鉴》。

本章对农牧民非农就业的增收减贫效应进行了具体阐述，并基于2010—2020年的数据，对青海省农牧区以及根据自然条件和功能区划分的三大区域，分别采用面板分位数回归模型以及空间计量的方法探究农牧民非农就业率与人均可支配收入之间的关系，结果表明：青海省农牧区整体的非农就业率与人均可支配收入之间具有正相关关系，其中，西宁-海东都市圈的非农就业率与农牧民人均可支配收入有显著的正相关关系，而其他两个区域两者的关系不显著。本章根据不同区域非农就业率与人均可支配收入的特征、机理和发展趋势，提炼出青海省农牧区三种地域模式，并探讨不同地域农牧区非农就业与农牧民增收的途径。

第6章

青海省农牧民非农就业中存在的问题及发展建议

6.1 青海省农牧民非农就业中存在的问题

青海省地处我国西北高原地区，地域广大，人口相对稀少，气候比较恶劣，经济发展比东部沿海城市落后，且发展非农产业的经济社会资源比较匮乏，省内各地区发展存在较大差距。与此同时，青海省的非农产业发展速度比较缓慢，对劳动力非农就业的吸收能力也比较弱。2020 年，青海省用于社会保障和就业的财政支出为 318.8 亿元①。这一数据体现出青海省极其注重农牧民的社会保障和就业问题。但是，现阶段青海省农牧民非农就业中仍然存在着一些问题，这些问题在一定程度上不利于青海省农牧民非农就业率的提高，也制约着青海省农牧民非农就业的发展。因此，我们要分析青海省农牧民非农就业中存在的问题，并提出有针对性的建议，以促进青海省农牧民非农就业的发展。

首先，从整体来看，青海省农牧民非农就业面临的一个问题是就业活动单一，兼业活动并非主要形式。所谓就业活动单一，是指仅从事一项就业活动，或者说收入仅是从一项就业活动中获取的。就业活动单一在一定程度上限制了青海省农牧民的收入来源，因而不利于青海省农牧民收入的提高以及解决相对贫困的问题。兼业活动是指就业人员不仅从事一门就业活动。例如，在农闲时节积极参与非农就业活动。从表 3-7 的数据中我们也不难看出，在抽样调查的受访者中，单纯从事农业、牧业和非农业的占比分别为 30.24%、

① 数据来源：青海省财政厅公报。

22.68%和29.76%，农牧业混合经营的受访者仅占抽样调查样本的7.07%，从事农业和非农业、牧业和非农业及农牧业和非农业等兼业活动的受访者分别占抽样调查样本的5.12%、3.41%和1.71%。从抽样调查的结果来看，大部分农牧民只是单纯从事农业、牧业或非农就业活动，从事兼业活动的受访农牧民所占比重极低，大大低于单纯从事农业、牧业和非农业的农牧民。这在一定程度上表明，青海省农牧民的就业活动具有单一化和专业化的特点，混合就业或兼业活动在该地区并不普遍。青海省农牧民就业活动的单一化在一定程度上造成了对其收入的限制。如果青海省农牧民在从事农牧业的同时，在农闲时节也能积极参与非农就业活动，则会提高其收入水平，对农牧民生活质量的提高也有一定的帮助，同时有助于解决青海省的相对贫困问题。因此，如何积极宣传及鼓励青海省农牧民参与非农就业活动，逐渐把兼业活动或混合就业扩展为青海省农牧民就业的主要形式，是一个值得思考以及未来需要解决的问题。

其次，青海省农牧民非农就业面临的另一个问题是大多数农牧民会选择离家比较近的非农就业岗位或者更偏重于从事本地的非农就业活动。分析青海省农牧民的非农就业区域不难看出，在从事非农就业活动的受访农牧民中，在本乡镇就业的占到了30.86%，在本县（县级市）就业的占比为32.10%，在省内各州（市）就业的占比为30.86%，在省外从事非农就业活动的受访者仅占抽样调查样本的6.17%。以上数据表明，地区农牧民更偏向于从事本地非农就业活动。青海省农牧民更愿意选择在本地从事非农就业的原因可能在于，他们认为在本乡镇、本县（县级市）、本省内各州（市）从事非农就业活动离家相对较近，工作环境也比较熟悉。再者，青海省少数民族人口较多，部分农牧民普通话水平不高，就近找工作使用自己民族语言的可能性比较高，对气候、人文地理的熟悉程度也比较高，因而更多的农牧民愿意就近参与非农就业活动。除此之外，较高的收入水平、较多的就业机会以及较为优质的教育资源也是地区农牧民选择在省内各州（市）从事非农就业活动的重要原因。课题组在对选择在本省各州（市）从事非农就业活动的农牧民进行调查后发现，近1/3的农牧民认为自己选择在本省州（市）参加非农活动是因为该地区拥有较高的收入水平、较多的非农就业机会以及更为优质的教育资源，能够充分满足自己及家人的需求。总之，各种因素交织在一起，使青海省农牧民更愿意从事本地的非农就业活动。尽管农牧民选择离家比较近的工作或者更偏重于从事本地非农就业活动有许多优势，但相对来说，青海省经济并非十分发达，非农就业的发展速度较为缓慢，对劳动力的吸收能力也相对较弱。具体来看，2020 年，在青海省 6 州 2 市中，第一产业产值占地区总产值比重超过 20%的有 5 个，而玉树州第一产业产值占比达到了 62%。由此可见，农牧民在本地区进行就近就业机会较少，而跨区域就业又面临交易费用及生活成本提高等一系列问题。当地产业发展水平的滞后使得农村劳动力的释放空间有限，农村剩余劳动力的生产能力无法充分释放。劳动力资源本身的特殊性决定了其在一段时间上的浪费就是永久性的浪费：一方面体现在某段时间上劳动力资源的不可找回；另一方面体现在劳动力没有通过劳动过程积累人力资本，存在已有的人力资本也逐步消失的可能。这些都在一定程度上制约着青海省农牧民从事非农就业活动的收入水平与非农就业的发展。相比在本地参与非农就业活动，省外的一些大城市的工资水平可能更高，且非农就业机会更多，教育和医疗水平更高，更能满足人们的需要，这有助于青海省农牧民未来的发展以及解决青海省的非农就业问题。

最后，青海省农牧民非农就业的另一个问题是较多的农牧民主要从事对知识、技能水平要求较低的非农行业。一般来讲，所需知识和技能水平较低的行业收入水平也较低，而所需知识和技能水平较高的行业收入水平也较高。按照这一规律，青海省农牧民的非农就业大多是所需知识和技能相对较低的行业，他们的收入水平应该也是比较低的。从前文的分析中我们也不难看出，由于青海省部分地区虫草资源比较丰富，当地农牧民会依托虫草资源进行非农就业。在抽样调查中我们可以看到，有 15. 85%的农牧民会依托当地虫草资源，进行虫草的挖掘和销售。从事传统建筑行业的农牧民占抽样调查样本中非农就业人数的 17. 07%；商业贸易，酒店餐饮娱乐业，家政服务、社区公共服务及服装纺织业等非农行业的从业者占抽样调查样本中非农就业人数的 47. 56%。这些服务行业一般对从业者的知识和技能水平要求不是特别高。对知识和技能水平要求相对较高的政府等行政事业单位、银行等金融行业以及医疗保健行业的农牧民非农就业占比较低，仅占到抽样调查样本中非农就业人数的14.03%；从事绘画、木工、裁缝和石匠等传统手艺的农牧民较少，仅占抽样调查样本中非农就业人数的2.44%。由此可见，青海省农牧民在非农就业行业选择上主要倾向于低技能和知识密度较低的非农产业。这主要与从业者自身的能力、受教育程度以及受教育年限有关，从业者自身掌握的知识和技能水平不够是主要原因。找到限制青海省农牧民非农就业的因素，接下来就是想办法提高青海省农牧民的知识与技能水平，使之能够从事收入水平更高的非农行业。

受各种因素的影响，青海省在非农就业问题上的解决办法还不是很多。从上述分析中不难看出，青海省农牧民非农就业目前仍然存在一定的问题，这些问题的成因是多方面的，也在很大程度上影响着青海省农牧民非农就业的发展。接下来我们要针对存在的问题去寻找解决办法，以更好地促进青海省农牧民的非农就业。

6.2 青海省农牧民非农就业的阻碍因素

经济发展水平相对比较落后的青海省在农牧民非农就业方面遇到的阻碍比较多。虽然广大农牧民实现非农就业、提高收入水平、改善家庭生活条件的愿望日益强烈，但是在经济高质量发展背景下，非农就业对劳动力的知识和技能水平要求越来越高，这两者之间的矛盾日益深化，从而产生一系列阻碍青海省农牧民非农就业的因素。那么，该如何采取有效措施去解决呢?

首先，普通话的普及十分重要。普通话是人们在生产生活中使用的重要交流工具。2020年，我国普通话普及率达到80.72%，历史性地实现了“普通话在全国范围内基本普及、语言交际障碍基本消除”的目标。普通话的应用与普及对人们的学习、生活和工作等都有极大的影响。同样，普通话水平的高低对青海省农牧民的非农就业也有很大的影响。通过第4章对青海省农牧民非农就业影响因素的分析可以得出结论，普通话水平对青海省农牧民的非农就业具有积极影响。也就是说，青海省农牧民的普通话水平越高，其非农就业的机会越多。但是，通过数据我们发现，青海是一个多民族聚集的省份，也是一个多语言、多文种并存的省份，青海省人口中少数民族占比较大。2020 年，青海省少数民族人口占全省人口的 49.47%，其中藏族、回族、土族占比分别为 25.48%、15.97%和 3.38%。地广人稀和多民族集聚的特征导致青海省内不同地区方言差异较大，也有部分地方方言中融入了部分藏语，使得从整体来看，青海省农牧区的普通话普及水平不高，青海省农牧民在非农就业过程中也产生了一定的语言障碍，失去了一些就业机会，农牧区剩余劳动力的省际流动也因此受到限制，进而导致农牧民很难实现跨区域就业。从这个方面来看，普通话普及水平不高是制约青海省农牧民非农就业的因素之一。此外，青海多民族集聚的特征对农牧民非农就业具有显著的负向影响，主要原因可能在于民族地区形成的封闭的民族认同阻碍了农牧民的地域转移，并对农牧民融入不熟悉的社会文化环境形成了阻碍。这也是农牧民非农就业的主要阻碍之一。因此，更好地普及普通话，提高青海省农牧民的普通话水平，对青海省农牧民的非农就业具有十分重要的影响，对青海省未来经济和文化的发展也具有较大的促进作用。

其次，从实证分析中我们能看出，掌握一定的知识和技能对青海省农牧民非农就业具有积极影响。但是目前来看，青海省农牧民主要从事对知识、技能要求较低的非农行业。这是因为，青海省农牧民掌握的职业技能数量不足以支撑其从事高技能和高知识密度的非农产业工作。因此我们可以得出结论，农牧民掌握技能的数量不足是制约其非农就业的因素之一。

再次，从第 4 章的实证分析中我们可以得出结论，家庭中存在种植业和畜牧业等农业经营对劳动力进行非农就业产生了显著的负向影响，说明农业经营对劳动力时间、精力等的占用非常明显。在这种条件下，除种植或养殖大户能够通过农业经营实现收入提高、生活水平改善之外，大部分农业劳动者仅能通过农业经营赚取生存口粮，无法实现生活水平的改善。抽样调查的结果显示，在 359 个有效样本中，非农就业的样本有 152 个，其中：兼职畜牧业的样本有 20 个，占总体的 13.16%；兼职种植业的样本有 25 个，占总体的16.45%。兼职种植业和畜牧业等农业经营的占非农就业样本的比重较大。与此同时，青海省农牧区家庭的机械化水平较低，工作效率也较低，导致在农忙时节对劳动力的需求增多，从而挤占了农牧民非农就业的空间，既限制了其非农就业在空间范围上的灵活性，也限制了其工作的稳定性，使得很多农牧民只能从事人力资本积累速度较慢且没有稳定性保障的工作，增加了非农就业的交易费用，限制了非农就业的水平。在农业生产中，种植业生产承载能力有限，土地细碎化导致无法实现现代生产要素的引入，只能维持低水平均衡；畜牧业的生产会受到生态环境的约束，尤其是在青海省生态功能极为重要的情况下。由此可见，青海省的农业生产在生产现代化水平相对较低的情况下，对劳动力的占用效应极为显著。这也是青海省农牧民在非农就业过程中所遇到的阻碍之一。现阶段，青海省亟须释放农牧区剩余劳动力，在促进产业发展和提高农牧民技能水平的同时，在农牧区深入推进农村集体产权制度改革：一方面，提高农村集体要素（如土地、草场等）的流转水平；另一方面，建立信息相对透明的地区集体要素流转交易平台，充分激活农村市场，通过农牧区的适度规模生产，解放剩余劳动力，减小农地、草场对劳动力要素的约束。

基础设施建设对青海省农牧民非农就业具有显著的正向影响，这也就意味着在青海省的农牧区，基础设施建设得越好，农牧民外出非农就业的意愿越强烈。由此可见，基础设施建设不完善对青海省农牧民非农就业情况有一定的制约。良好的基础设施建设是青海省农牧区经济发展的必要条件，然而由于青海省地域面积广大、气候条件恶劣、人口相对稀少等，基础设施的建设十分不完善，在青海省的一些欠发达地区，这一问题尤为明显：这些地区的道路设施、供水设施、供电设施、广播电视设施以及互联网设施等的建设远远落后于东部沿海城市，严重制约了当地经济的发展。基础设施建设的好坏直接影响着农牧民非农就业的意向，基础设施越完善，农牧民非农就业的意愿越强烈。基础设施条件的改善，可以促进青海省农牧民实现非农就业，增加农牧民向非农产业转移的机会。因此，要优先考虑加大对青海省农牧区基础设施的投入力度，特别是要注重那些与农牧民的生活和生产经营关系密切的村内道路基础设施的新建和改建，以促进农牧民向非农产业转移。

青海省经济发展情况相对落后，大部分地区工业和服务业产业发展水平较低，对本地劳动力的承载能力有限，这是制约青海省农牧民非农就业的因素之一。青海省农牧民通过非农就业缓解农牧区人地矛盾，将剩余劳动力转移到边际产量更高的城市工业部门、服务部门等。但现阶段青海省农牧民非农就业面临的一个重要问题是，青海省市场经营主体仍以国有企业为主，私营企业对劳动力的吸引力远远落后于国有企业，且向农牧民提供的就业岗位不充足，无法满足农牧民非农就业的需要。通过对比图 4-4 和图 4-5 可知，目前，青海省经营主体与全国经营主体对劳动力的吸纳能力存在较大差异，全国的基本情况是国有单位对劳动力的吸纳量低于私营企业，但在青海省，国有单位对劳动力的吸纳量超过了私营企业，说明市场经营主体多元化水平不足；在市场上的参与主体中，国有单位仍然占有较大比重，需要加强市场化建设，引导各类市场经营主体积极参与到不同产业的建设投资中去，为青海省农牧民提供更多的非农就业岗位，缓解青海省农牧民非农就业的压力。

最后，家庭因素也会制约青海省农牧民的非农就业。在青海省农牧民非农就业的过程中，家庭中的老人及未成年儿童的健康保障以及生活条件等也是制约其非农就业的因素之一。当农牧民家庭中的老人和未成年儿童的健康有保障、生活质量相对较高时，家庭中的劳动力外出非农就业的意愿相对会比较强烈。如果家庭中的老人和未成年儿童的健康得不到保障，家庭中劳动力外出非农就业的意愿相对就会差一些。家庭因素对农牧民进行转移就业选择的约束性是显而易见的，因而青海省不同地区需要在基本城乡养老保险和医疗保险贫困人口“应保尽保”的情况下，进一步提高农村地区的基础保障功能，减小家庭中老人、未成年儿童对农村剩余劳动力非农就业的稳定性约束，以及农牧民家庭因病致贫、因病返贫的情况，这是促进青海省农牧民非农就业的途径之一。

6.3　青海省农牧民非农就业的增收路径

党的十八大以来，我国832个贫困县全部摘帽，12.8万个贫困村全部出列，近1亿农村贫困人口实现脱贫，历史性地解决了绝对贫困问题，创造了人类减贫历史上的奇迹。虽然我国已经解决了绝对贫困的问题，但是相对贫困问题依然存在。青海省地处我国西北部，气候比较恶劣，经济比较落后，部分地区仍然存在相对贫困的问题。相对贫困是我国未来需要进一步去解决的问题，也是存在相对贫困的各个省份需要去思考的问题。青海省也在积极地寻求适宜的办法去解决其部分地区相对贫困的问题。青海省农牧民非农就业率的提高可以产生更大的收入增长效应，有利于降低部分地区相对贫困的概率。积极促进青海省农牧民非农就业是解决青海省相对贫困问题的有效方法和手段。

现阶段，青海省的非农就业仍然存在一些阻碍及不利因素，这些因素制约着青海省农牧民的非农就业。青海省农牧民非农就业率不高，相对贫困发生的概率比较大。因此，找到青海省农牧民非农就业的增收途径非常关键。

第一，鼓励和引导青海省农牧民自主创业是农牧民非农就业的增收路径之一。青海省农牧民自主创业不仅可以解决收入水平较低的问题，也能在一定程度上缓解非农就业的压力。青海省农牧民可以通过多种方式进行自主创业，如可以在网上购物平台建立门店售卖当地的特色食品等。青海省政府应做好以下四方面工作：①积极鼓励和引导农牧民进行自主创业，为其提供良好的发展平台，同时加大宣传力度，提高省内农牧民自主创业的意识。②为缺乏自主创业能力的农牧民提供培训，增强其知识储备，提高其技能。③结合地区特色开展自主创业，积极为农牧民创业提供政策咨询、法律援助等。④为需要创业资金的农牧民提供资金方面的扶持，如加大贷款力度、简化申请程序、拓宽放款途径等。具体来说，对依靠自身能力的微型、中小型企业，可以给予一定政策上的优惠，如增加对它们的补贴，实行低息、无息贷款，在一定时期内免征相关税费等。

第二，提高青海省农牧民的受教育程度，同时对非农就业的农牧民进行技能与知识方面的培训，有效提高农牧民的整体素质，从而使他们获得更多的就业机会。现如今，受教育程度逐渐成为获得非农就业机会的重要因素，而且其重要程度将越来越高。随着我国经济的快速发展，对只要求纯体力劳动的就业岗位的需求越来越少，知识及技能水平越来越重要，拥有更多知识和技能的人比缺乏知识和技能的人更具竞争力，也更容易获得非农就业机会。因此，青海省应逐步提高农牧民的受教育程度，让农牧民从教育中获得更多的收益。具体来说，可在以下几方面做出努力：①对青海省农牧民开展就业技能培训，投入培训资金，合理确定培训补贴，鼓励企业组织农牧民参与培训，符合相关要求及规定的，对企业给予一定的培训补贴；②培养青海省农牧民从不同渠道获取信息的能力，使他们学会筛选信息、辨别信息，并提高他们自主学习的能力，从根本上提高他们的就业能力；③让青海省农牧民逐渐摆脱对知识、技能要求较低的非农行业，投入需要高知识、高技能的行业。

第三，加强青海省农牧区基础设施建设。良好的基础设施是青海省农牧区经济发展的必要条件，然而由于青海省地域面积广大、气候条件恶劣、人口相对稀少等，基础设施的建设十分薄弱。在青海省一些欠发达地区，这一问题尤为突出——道路设施、供水设施、供电设施、广播电视设施以及互联网设施等方面建设远远落后于东部沿海城市，既严重制约了当地经济的发展，也不利于农牧民外出进行非农就业活动。因此，可以通过加强基础设施建设促进青海省农牧民非农就业率及收入水平的提高。面对青海省当前部分地区仍然存在基础设施不完备的情况，需要国家和政府相关部门出面，采取积极的财政政策，加大对青海省农牧区基础设施的建设投入。基础设施建成后，将为青海省农牧民提供更多的非农就业机会，也为其提供更为广阔的发展空间。由此可见，基础设施建设对于提高青海省农牧民的非农就业率具有十分重要的作用。

第四，大力扶持和发展第三产业。由第 4 章的分析可知，2020 年，青海省第一产业增加值占比达到了11.1%，第一产业从业人员占比为31.90%。在钱纳里产业结构体系中，11.1%的第一产业增加值占比对应的是8.30%～23.70%的劳动力占比，青海地区在第一产业的劳动力配比显然过高。在钱纳里工业化阶段发展体系中，当前青海省处于工业化中级阶段，制造业向资本更加密集的重工业转变，第三产业迅速发展，第二产业的劳动力容纳量开始降低，第三产业的劳动力容纳量有所提高。目前来看，青海省第三产业的发展速度比较缓慢，还有很大的发展空间。之所以要大力扶持和发展第三产业，是因为第三产业对劳动力的需求最大，而且其蓬勃发展会给青海省农牧民带来许多非农就业机会。首先，在第三产业劳动力容纳量不足的情况下，要提高第三产业的就业容纳量。其次，要大力发展以地区特色为主导的第三产业，将地区特色、人文地理与旅游等产业结合，开展具有地区特色的旅游开发项目。最后，青海省政府要严格规范第三产业的竞争与发展，出台相关政策规范市场秩序，加大对第三产业的投资等。大力扶持和发展第三产业对青海省农牧民非农就业的发展具有重要影响，也是青海省农牧民非农就业的增收渠道之一。

6.4 青海省农牧民非农就业的发展建议

第一，由于农业生产本身的弱质性等，需要将劳动力向非农就业部门转移。

农业生产本身的弱质性导致其产出水平对农户的生活保障水平较低，主要表现为农业生产的周期性与风险性使农民群体在农业生产过程中遇到恶劣气候和重大灾难时抗风险能力较差。在青海省的农业生产中，在高海拔、低降水和大风沙等气候条件下进行种植业生产与畜牧业养殖面临储蓄积累速度慢、生产风险高等困难，使用传统生产要素进行生产同样难以实现生产效率的迅速提高，必须通过强力的外部干预打破农业的低水平均衡，才能实现农业生产从传统要素向现代生产要素的转变，完成对传统农业的改造。

打破农牧区生产均衡的重要目标是实现农民生活水平的提高，转移农业剩余劳动力的本质是进行要素向生产效率更高地区转移的帕累托改进，即在不降低农牧民整体生活水平的前提下，提高一部分农牧民的生活水平。实现帕累托改进的农牧民包括通过非农就业进入边际生产率更高的工业部门的部分农牧民和农牧区环境承载压力降低带来的农牧业产出提高的农牧民。也就是说，促进农村劳动力转移需要解决两方面的问题：一是提高农牧民的知识和技能水平，使其与现代产业结构调整的发展相匹配；二是在城市和农村附近县城及城郊地区发展不同类型、具有比较优势的产业，为农牧民就近就业和创新发展提供平台。

青海省农牧区实现生产现代化存在的问题主要有以下四个：

一是种植业生产承载能力有限，土地细碎化，无法实现现代生产要素的引入，只能维持低水平均衡。现阶段，除西宁市和海西州之外的1市5州都在产业结构上表现出对农业产出较为严重的依赖，但农牧业专业化水平较低，对农产品的精细化加工程度不足，导致产业发展水平相对较低，无法实现农产品生产特色优势向农产品产业化优势的转变。同时，较低的机械化水平也制约着青海省农牧业的发展。此外，青海省农产品生产环境相对恶劣，在相对较低的平均温度和湿度下，2018年温室面积仅有7024.81公顷，排全国第25位①，远低于周边甘肃、内蒙古和宁夏等地，说明青海省在农业生产条件匮乏的情况下在设施农业上的投资存在较大缺口，即一方面存在对农牧业较强的依赖，另一方面农牧业生产方式和产业化水平都处于较低水平。

二是畜牧业生产受到生态保护的约束。青海省作为全国五大牧区之一，在畜牧业生产上具有比较优势。青海省的生态保护价值重大。习近平总书记多次强调，青海最大的价值在生态，最大的责任在生态，最大的潜力也在生态。近年来，青海省生态保护工作进展顺利，但对其畜牧业生产产生了一定的制约，对农牧民非农就业活动造成了一定的影响。

三是牧区地广人稀，养殖成本转化为收益的成本较高，难以实现储蓄和积累。

① 资料来源于全国温室数据系统（http://data.sheshiyuanyi.com/AreaData/）。

四是较为封闭的文化习俗等导致不同区域之间难以形成市场，无法实现农牧业生产的专业化分工，提高生产效率。

以上问题可以分为两类：一类是人地矛盾和人的发展与生态之间的矛盾，另一类是自然因素和文化因素产生的市场经济开放程度低与活力不足的问题。这两类问题的实质都是人的发展问题，前者可以通过农牧区劳动力向城市进行非农就业转移缓解压力，后者可以通过非农就业转移人口回流等工业部门的反哺，刺激农牧区消费和生产方式改变，即形成一个外出转移和回流到由城镇、城乡及乡村组成的正向循环模式。各州市也需要合理利用行政力量，对市场难以解决的问题以及无法合理配置的资源进行主动干预，提高本地区的发展能力和发展潜力，实现劳动力结构及产业结构的升级。在农牧业自主生产发展容易跌入低水平均衡，即农业劳动力边际产出大于零但小于工业工资水平时，农业生产中存在隐蔽性失业。同时，减少农业劳动力将导致农业产出水平下降，农产品价格提高，工业部门工资水平上升。在这一阶段，农业部门若没有通过部门积累实现农业生产从传统农业向现代农业的转变，提高农牧业生产的机械化水平，降低对劳动力的依赖，将给整体经济造成较大负担，难以进入费景汉-拉尼斯模型提出的经济发展的第三阶段，这一点与张培刚提出的农业工业化理论一致。因此，市州及地方政府需结合中央政策措施，创新政策实施模式，努力实现农牧民劳动力的有效转移。

从时间上看，实现农牧区非农就业的剩余劳动力转移和促进现代生产要素向农业部门的转移本质上是同一过程的不同阶段。在发展初期，农牧区剩余劳动力因工资差异、工业化需求、技术与资本积累等逐步转移到现代工业部门。在城市工业化发展到一定阶段后，在城市就业就会存在失业风险、生活成本上升、家庭约束等产生的来自城市地区的推力，使非农就业人员向乡镇、农村回流。回流的农牧民带回的人力资本和社会资本等现代生产要素有助于促进农牧区生产方式发生改变。从趋势上看，城市非农就业人口的回流是国家工业化对农业部门的反哺过程，回流人口带着生产、经营、销售等方面的人力资本和在城市生活、消费等形成的理念，有助于提高农牧区经济的开放水平与活力程度。

推动青海地区农牧民非农就业对于解决发展与生态之间的矛盾和农业现代化的问题有直接影响。农牧区存在的低水平生产均衡，需要政府通过基础设施建设、非农产业支持、相关制度改革等措施引入现代要素去打破，同时通过税收优惠等措施激发市场经营主体的积极性，发挥市场经营主体在行动上的灵活性和创造性。在与市场经营主体的合作中，可创新合作模式，如起源于英国的 PPP 模式，欧美国家采用的 BOT 模式、PFI 模式等。对于企业难以融入的民族地区等，需要政府通过行政干预为企业开辟道路、为农牧民的集体权益保驾护航。

第二，通过进一步的市场化建设，调动各类市场经营主体在不同产业进行建设投资的热情，提高城市地区对农村剩余劳动力的容纳水平。

现阶段，青海省仍然面临着人地矛盾的问题，非农就业可以在一定程度上缓解人地矛盾，将劳动力转移到边际产量更高的城市工业部门。青海省在农业农村部门就业的劳动力比例从 2010 年的 41.40% 下降到 2020 年的 25.45%，与此同时，第三产业劳动力占比不断上升，第二产业劳动力占比几乎没有变化，与库兹涅茨提出的产业结构演进理论一致。结合青海省实际发展情况，第二产业中重工业占比持续处于较高水平，对劳动力的容纳量变化不大。在沿海劳动密集型产业受制于用地成本、劳动力价格等向国外及内地转移的过程中，青海省作为内地轻工业转移的承接地，具有地方用地成本相对较低、农业劳动力转移潜力相对较大等优势。发展部分轻工业，一方面可以解决农牧民的非农就业问题；另一方面可以在县级单位打造现代化产业园区，对地方基础设施进行建设和升级。通过有针对性的精准扶贫政策，建立农牧民收入增长长效机制，避免进入“脱贫—返贫”不断循环的怪圈，是广大学者进行农民非农就业问题研究的根本目标，也是本书研究的根本目标。但是，青海省大部分地区工业和服务业产业发展水平相对较低，对本地劳动力的承载能力有限。

由前文分析可知，青海省经营主体与全国经营主体对劳动力的吸纳能力存在较大差异，全国基本情况是国有单位对劳动力的吸纳量是私营企业的 1/3 左右，但在青海省，国有单位对劳动力的吸纳量甚至超过私营企业，说明市场经营主体多元化水平不足；在市场上的参与主体中，国有单位仍然占有较大比重，需要进行进一步的市场化建设，引导各类市场经营主体在不同产业进行建设投资的热情，提高城市地区对农村剩余劳动力的容纳水平。从农村地区调查的微观数据来看，青海不同地区需要在基本城乡养老保险和医疗保险贫困人口“应保尽保”的情况下，进一步提高农村地区基础保障功能，减小家庭老人、未成年儿童对农村剩余劳动力非农就业的范围和稳定性约束，以及农牧民家庭因病致贫、因病返贫的情况，这是农村劳动力进行有效转移的前提。

第三，政府需要结合产业结构和行业发展趋势进行适当干预，保证劳动力资源的合理分配。

不同地区城镇就业存在一定差异。2015—2020 年青海省城镇就业劳动力吸纳能力最强的 8 个行业劳动力就业趋势如图 6-1 所示。

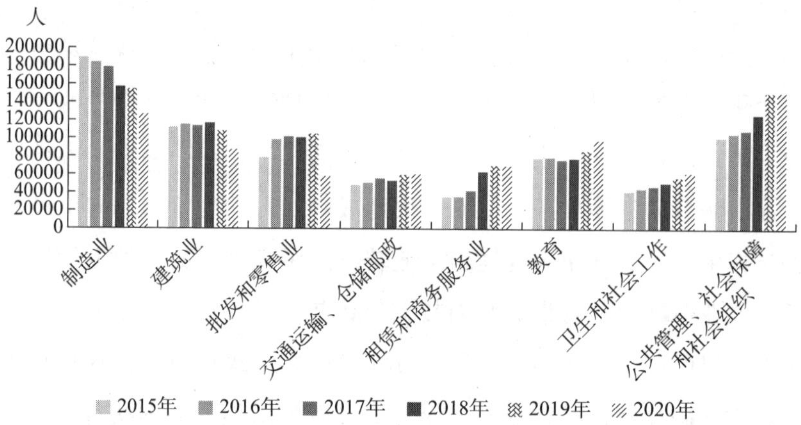

图 6-1　2015—2020 年青海省 8 个行业劳动力就业趋势

资料来源：2016—2021 年《青海统计年鉴》。

从图 6-1 中可以看出，2015 年就业人数最多的是制造业，但随着技术进步和产业转型，制造业对劳动力的吸纳能力持续下降，到 2020 年，制造业从业人数低于公共管理、社会保障和社会组织。批发和零售业，交通运输、仓储邮政，教育等服务行业对劳动力的吸纳能力持续上升。可见，青海省工业部门除表现为重工业所占比重较大之外，还表现出制造业等工业产业中的资本和技术对劳动力的逐步替代，对劳动力的吸纳能力逐步下降。

在青海省非农就业研究中，城镇地区劳动力就业情况反映出了农村劳动力进行非农转移潜在的就业领域以及这些行业对劳动力的容纳量，对于农牧民的具体就业特征，还需要结合农牧区实际调研数据进行微观上的具体研究。

课题组在田野调查中，对农牧区的农牧民进行了实地采访和信息收集，发现在 359 个有效样本中，非农就业样本为 152 个，占样本总量的 42.34%，农牧区农业经营占比超过 50%，表明农牧区进行非农就业的劳动力转移具有较大潜力；在非农就业中，建筑施工行业、家政服务行业、酒店餐饮娱乐业等门槛较低的工业和服务业从业人员较多，金融行业、广告设计、法律咨询业等技术类行业门槛相对较高，就业人数较少。2020 年青海省非农就业人员行业分布如图 6-2 所示。

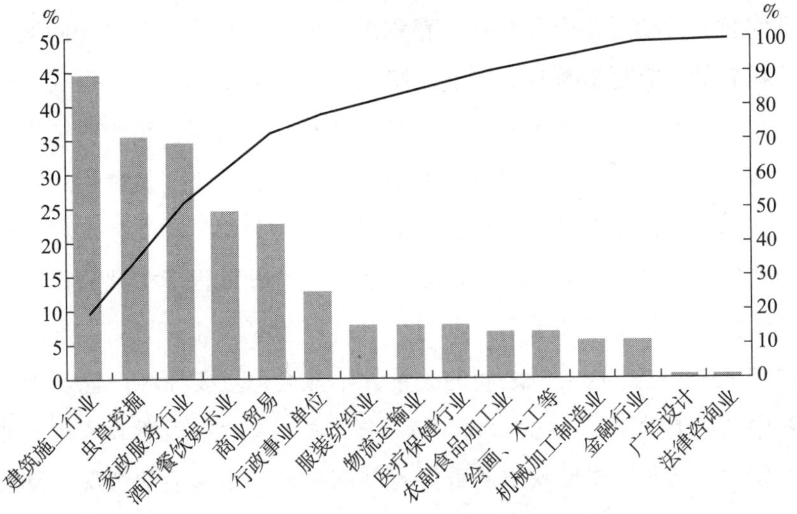

图 6-2　2020 年青海省非农就业人员行业分布

资料来源：2020 年课题组田野调查。

虫草挖掘作为具有地方特色且对家庭收入水平影响较大的个体经营项目，参与人员相对较多；行政事业单位对农牧民非农就业的吸纳能力排名靠前，与青海省宏观就业数据中公共服务部门占比较多的情况相符；服装纺织业以及机械加工制造业从业人数相对较少，反映出青海省工业产业结构中轻工业占比相对较低，以重工业为主，特别是在矿产资源和盐湖资源开发方面表现突出。

市场机制在进行要素资源配置的过程中，存在各类经济主体逐利行为导致经济波动扩大的情况，需要政府结合产业结构和行业发展趋势进行适当干预：一方面，结合劳动力培养周期长的现实情况，适当延长资本对劳动力的替代过程；另一方面，进一步释放农牧区边际产品价值较低的劳动力，提高其职业技能水平，将其转移到边际产品价值更高的产业。此外，还可结合不同地区的资源禀赋、文化习俗等开发如虫草挖掘、乡村旅游、青绣、唐卡等具备地方特色的个体经营项目，灵活实施青海省人力资源和社会保障厅印发的《关于实施农民工稳就业职业技能培训计划的通知》，降低结构性失业水平。

第四，提高劳动力的整体素质，促进其非农就业。

受教育程度较高的劳动力更能适应产业调整和行业发展的变化。农村转移的非农就业劳动力普遍存在受教育程度较低、综合素质较差等问题，一般从事门槛较低、容易被替代、失业风险相对较高的工作，一旦面临经济周期性波动或外部冲击，失业风险远高于其他劳动力。同时，在产业结构演进过程中，普遍存在由劳动密集型向资本密集型和技术密集型发展模式转变的趋势，农民工就业存在较高的结构性失业风险。由此可见，受教育程度对农村劳动力非农就业具有显著影响，在非农就业与受教育程度关系的很多研究中都论证了两者具有正相关关系，这与一般的经验事实相符。但在青海省调研数据的实证研究中，这两者之间的关系并不显著，主要原因可能在于调查样本中初中及以下学历的占比为 53.67%，样本相对集中。受教育程度对非农就业的重要性和调研数据反映出的青海省基础教育相对落后的情况，反映了非农就业在提高产业劳动力容纳量和农村基础保障之外，还需要通过提高教育水平来提高劳动力的整体素质。除不同地区可度量的经济发展等方面的异质性之外，青海省典型的多民族区域在文化习俗等方面的差异对非农就业的影响，也是分析青海地区非农就业问题时不能忽略的。在青海省非农就业的影响因素研究中，普通话水平在多个模型分析中均具有显著影响，体现了普通话在农牧民非农就业中的重要性，以及青海省在基础教育方面的不足。

第五，要根据青海省各地区的特点对农牧民非农就业提供不同的对策。

例如，根据西宁-海东都市圈经济相对发达的特点，应充分发挥大城市都市圈对非农就业的带动作用，提高农牧民的专业知识技能，积极推动农牧民向第二、第三产业发展，鼓励农牧民就近就业；环祁连山-青海湖-柴达木地区种植业和畜牧业比较发达，会在一定程度上阻碍农牧民的非农就业，因而可以鼓励该地区的农牧民在农闲时期就近进行非农就业，提高其人均可支配收入。由于生态功能定位、交通基础设施等因素的影响，三江源地区非农就业率相对较低，需要加强政府财政转移支付，持续推动劳动力的非农就业转移，积极开展旅游相关产业，为非农就业提供更多的岗位。

第7章

主要结论与研究展望

7.1　主要结论

本书对青海省农牧民非农就业情况进行了问卷调查，并对数据进行了描述性分析，概括出现阶段青海省农牧民非农就业中存在的一些问题，继而基于2010—2020年的面板数据进行实证分析，探究青海省非农就业与农牧民人均可支配收入之间的关系，最终得出以下结论：

第一，青海省农牧民非农就业率与人均可支配收入之间呈现正相关关系，且三个区域的非农就业率对人均可支配收入的影响程度不同。

青海省农牧民的非农就业率和人均可支配收入持续增长，且非农就业率对农牧民的人均可支配收入具有显著的正向影响。这说明提高青海省农牧民的非农就业率有利于增加人均可支配收入。三个区域非农就业率排序依次是：西宁-海东都市圈>环祁连山-青海湖-柴达木地区>三江源地区。

青海省的非农就业带动了农牧民的增收，但三个区域非农就业率对农牧民人均可支配收入的影响程度不同，说明三个区域在非农就业方面具有不同的特点。根据不同区域非农就业与农牧民人均可支配收入的类型特征、发展趋势等，可提炼出青海省非农就业的三种模式，即就业平稳型+农工商主导、兼业型+种植业和畜牧业主导、就业输出型+生态旅游主导。

第二，青海省农牧民非农就业的知识、技能相对匮乏，不利于其收入的增加。

目前，大部分青海省农牧民在非农就业过程中从事对知识、技能要求较低的岗位。这些岗位的工资相对较低，非常不利于青海省农牧民的增收。如何解决这一难题成为缓解青海省农牧民非农就业问题的关键。

第三，青海省第三产业发展缓慢，能提供的非农就业岗位有限。

第三产业能推动第一、第二产业的发展，也能增加就业岗位，疏导就业需求，缓解就业压力，因此，积极发展第三产业对青海省来说十分重要。目前，青海省第三产业发展缓慢，但有很大的发展空间。青海省可以结合当地的人文地理、地区特色等大力发展第三产业，提供更多的非农就业岗位。

7.2 研究展望

本书对青海省农牧民非农就业的相关问题进行了深入的调查分析和实证研究，完成了预期的研究目标，然而由于课题组地处边远，受限于各种条件，研究还存在一些不足，需要在日后逐步改进和深入。未来可在以下三个方面做出努力：

第一，在理论研究方面，有待进一步丰富民族地区农村劳动力转移理论。本书参考了有关学者的劳动力转移理论，对民族地区的特殊性考虑不足。如何在特殊区域框架下进行理论拓展是今后研究的重点和难点。

第二，在实证研究方面，受限于数据可得性和问题的复杂性，本书并未进行微观层面的检验。本书基于历年《青海统计年鉴》的数据，从宏观层面对农牧民非农就业的影响因素进行了实证检验，如果有微观农户的详细数据和案例做支撑，会获得更为稳健的结论和更为精准的政策指导。撰写之初，课题组计划在第3章对青海省农牧民非农就业典型案例进行分析，但没能实现。因此，在后续研究中，搜集微观农户的详细数据和案例很有必要。

第三，在研究层次方面，本书搭建了农牧民非农就业的分析框架，为了抓住主要矛盾，将研究重点放在农牧民非农就业的减贫效应和影响青海省非农就业的原因分析上，忽略了非农就业的现实效应研究。因此，在后续研究中，应结合实际，重点研究政策如何落地。

参考文献

[1]何盛明．财经大辞典[M]．北京：中国财政经济出版社，1990.

[2]何景熙．不充分就业：中国农村劳动力剩余的核心与实质：农村剩余劳动力定义与计量新探[J]．调研世界，2000(9)：5，9-11.

[3]蔡昉．破解农村剩余劳动力之谜[J]．中国人口科学，2007(2)：2-7，95.

[4]郭琳，车士义．父母非农就业、外出打工与子女的教育获得[J]．兰州学刊，2011(3)：107-114.

[5]赵燕．新迁移经济学对研究我国农村劳动力转移问题的适用性分析[J]．经济研究导刊，2011(11)：8-10，25.

[6]姜长云．农村非农化过程中农户(农民)分化的动态考察：以安徽省天长市为例[J]．中国农村经济，1995(9)：50-56.

[7]刘金海．农民非农就业的区域与行业特征研究：基于湖北山村249份问卷的统计分析[J]．社会主义研究，2005(3)：63-65.

[8]张成甦，宋山梅．农村劳动力非农就业能力评价体系[J]．华南农业大学学报(社会科学版)，2014，13(1)：92-99.

[9]张甫根．积极发展非公经济：大力推进非农就业[J]．上海农村经济，2002(11)：19-20.

[10]杨向阳，赵蕾．公共投资对农业生产率和非农就业的影响研究[J]．农业经济问题，2007(12)：41-49.

[11]邓蒙芝，罗仁福，张林秀．道路基础设施建设与农村劳动力非农就业：基于5省2000个农户的调查[J]．农业技术经济，2011(2)：4-11.

[12]周春芳，苏群．非农化进程中农村女性人力资本投资与非农就业：

基于性别差异的视角[J]. 农业技术经济，2008(5)：10-17.

[13]任国强，薛守刚. 培训对农户就业选择和收入增长的影响研究[J]. 中国农机化，2009(6)：120-124.

[14]李劲松，何福萍. 非农就业与农村劳动力转移培训的关系研究[J]. 安徽农业科学，2011，39(1)：563-564.

[15]孙项强，冯紫曦. 健康对我国农村家庭非农就业的影响：效率效应与配置效应：以江苏省灌南县和新沂市为例[J]. 农业经济问题，2015，36(8)：28-34，110.

[16]何洋. 普通话水平与农村劳动力非农就业：基于CFPS 2016年的实证分析[J]. 西安财经大学学报，2020，33(5)：106-113.

[17]李石新，史满多. 影响农村非农就业的政策因素及推进策略：基于减贫视角[J]. 贵州社会科学，2014(7)：138-142.

[18]陆益龙. 关系网络与农户劳动力的非农化转移：基于2006年中国综合社会调查的实证分析[J]. 中国人民大学学报，2011，25(1)：45-55.

[19]陈瑛，杨先明，周燕萍. 社会资本及其本地化程度对农村非农就业的影响：中国西部沿边地区的实证分析[J]. 经济问题，2012(11)：23-27.

[20]王建. 村庄非农化、社会资本与农民家庭收入[J]. 华南农业大学学报(社会科学版)，2019，18(2)：71-83.

[21]辛岭，蒋和平. 农村劳动力非农就业的影响因素分析：基于四川省1006个农村劳动力的调查[J]. 农业技术经济，2009(6)：19-25.

[22]陆文聪，吴连翠. 兼业农民的非农就业行为及其性别差异[J]. 中国农村经济，2011(6)：54-62，81.

[23]刘家强，王春蕊，刘嘉汉. 农民工就业地选择决策的影响因素分析[J]. 人口研究，2011，35(2)：73-82.

[24]程名望，潘烜. 个人特征、家庭特征对农村非农就业影响的实证[J]. 中国人口·资源与环境，2012，22(2)：94-99.

[25]王丹，黄季焜. 草原生态保护补助奖励政策对牧户非农就业生计的影响[J]. 资源科学，2018，40(7)：1344-1353.

[26]柴剑峰，龙磊．基于 Logit-ISM 模型的川西北藏区农牧民非农就业影响因素研究：来自 DC 县 315 户贫困农户的调查数据[J]．农村经济，2019(9)：93-101.

[27]张海霞．电子商务发展、非农就业转移与农民收入增长[J]．贵州社会科学，2020(10)：126-134.

[28]张俊霞．黑龙江农村劳动力非农就业问题研究[D]．哈尔滨：东北农业大学，2013.

[29]张贵先，胡宝娣．城乡差距、农民非农就业与农民增收：基于中国的理论分析与实证检验[J]．财经问题研究，2006(1)：80-85.

[30]艾春荣，汪伟．非农就业与持久收入假说：理论和实证[J]．管理世界，2010(1)：8-22，187.

[31]文洪星，韩青．非农就业如何影响农村居民家庭消费：基于总量与结构视角[J]．中国农村观察，2018(3)：91-109.

[32]钱龙，洪名勇．非农就业、土地流转与农业生产效率变化：基于 CFPS 的实证分析[J]．中国农村经济，2016(12)：2-16.

[33]万晶晶，钟涨宝．非农就业、农业生产服务外包与农户农地流转行为[J]．长江流域资源与环境，2020，29(10)：2307-2322.

[34]罗明忠，雷显凯．非农就业经历、行为能力与新型职业农民经营效率[J]．华中农业大学学报(社会科学版)，2020(5)：29-38，169-170.

[35]周东洋，吴愈晓．地区经济发展、非农就业与中国农村居民性别观念转型[J]．贵州社会科学，2019(4)：79-85.

[36]孙伯驰，段志民．非农就业对农村家庭贫困脆弱性的影响[J]．现代财经(天津财经大学学报)，2019，39(9)：97-113.

[37]景晓芬．土族女性非农就业与女性角色转换：以青海互助 XZ 村为例[J]．西北人口，2007(6)：102-105.

[38]李德洗．非农就业对农业生产的影响：基于农户视角的研究[D]．杭州：浙江大学，2014.

[39]邱元，叶春辉，朱奇彪，等．我国农村劳动力非农就业影响因素研

究：以全国5省大样本调研数据为例[J]. 浙江农业学报，2015，27(2)：295-300.

[40]丁悦，蔡建明，刘彦随，等. 青海省都兰牧区乡村转型发展模式探析：基于公共私营合作制(PPP)视角[J]. 经济地理，2014，34(4)：139-144，152.

[41]沈鹭，王雨林，刘胜林，等. 农民专业合作社与组织农村劳动力非农就业关系探讨[J]. 世界农业，2017(9)：69-74，94.

[42]闫蕾蕾. 我国新生代农民工非农就业能力提升与转型发展研究[J]. 农业经济，2019，4(8)：75-77.

[43]张莹琪. 教育对农村劳动力流动和收入的影响[D]. 北京：北京林业大学，2017.

[44]林毅夫，刘培林. 发展中国家的赶超战略与社会公平[N]. 中国财经报，2002-10-25(4).

[45]程名望，史清华，徐剑侠. 中国农村劳动力转移动因与障碍的一种解释[J]. 经济研究，2006(4)：68-78.

[46]简新华，张建伟. 从"民工潮"到"民工荒"：农村剩余劳动力有效转移的制度分析[J]. 人口研究，2005(2)：49-55.

[47]蔡昉，王美艳."民工荒"现象的经济学分析：珠江三角洲调查研究[J]. 广东社会科学，2005(2)：5-10.

[48]赵杨，孙秀亭，谭洁. 非农就业压力下推进我国农民工城镇就业的行业选择研究[J]. 预测，2015，34(2)：34-40.

[49]陈斌开，林毅夫. 发展战略、城市化与中国城乡收入差距[J]. 中国社会科学，2013(4)：81-102，206.

附录一　实证原始数据

地区	年份	人均可支配收入（元）	非农就业率（%）	非农就业性别结构（%）	非农就业知识结构（%）	非农就业行业结构1（%）	非农就业行业结构2（%）	非农就业地区结构（%）	农业发展水平
城东区	2020	20619.13	23.68	51.00	96.18	35.89	49.84	95.81	1192.16
城中区	2020	19334.84	18.25	18.61	99.49	35.30	49.68	74.71	16739.10
城西区	2020	23302.29	11.52	31.35	92.83	50.75	51.48	99.93	1487.38
城北区	2020	26716.01	29.24	53.88	99.25	49.97	48.58	90.67	13242.66
大通县	2020	13469.42	18.99	20.97	84.31	21.90	47.99	59.26	237181.66
湟中县	2020	12654.70	16.39	19.48	90.00	26.69	44.38	58.52	275827.86
湟源县	2020	13085.86	9.95	10.85	94.28	26.53	44.28	33.03	82180.58
平安县	2020	12706.66	12.86	16.15	81.61	13.78	46.85	65.77	66131.10
民和县	2020	12519.95	7.93	23.41	70.98	27.78	47.49	59.19	159628.66
乐都区	2020	12869.16	15.32	12.06	85.85	41.23	49.26	71.86	186889.33
互助县	2020	12579.80	13.43	19.50	87.52	27.99	46.98	53.24	288518.76
化隆县	2020	11541.64	7.85	11.84	49.96	12.89	48.61	40.19	98369.02
循化县	2020	12452.04	6.32	15.66	45.82	22.33	41.28	70.67	69436.53
门源县	2020	13243.79	14.30	16.28	77.13	18.76	42.25	46.26	124065.31
祁连县	2020	17354.46	6.87	13.49	85.36	27.39	49.24	28.15	81536.68
海晏县	2020	16470.52	7.83	22.48	99.43	14.14	46.18	42.32	30705.43
刚察县	2020	17914.37	0.70	3.70	99.54	7.83	40.48	11.40	72450.29
同仁县	2020	11161.62	6.64	12.15	93.42	8.30	48.46	34.19	67628.25
尖扎县	2020	11140.74	4.23	5.62	86.10	6.16	49.84	26.03	33457.05
泽库县	2020	8954.94	3.34	8.66	98.81	10.03	50.77	15.18	114845.05
河南县	2020	12708.29	3.85	11.34	100.00	7.73	51.05	9.89	102239.63

续表

地区	年份	人均可支配收入（元）	非农就业率（%）	非农就业性别结构（%）	非农就业知识结构（%）	非农就业行业结构1（%）	非农就业行业结构2（%）	非农就业地区结构（%）	农业发展水平
共和县	2020	14122.17	4.51	9.89	95.16	9.72	46.86	28.49	128691.52
同德县	2020	12851.61	4.35	6.19	93.22	4.64	47.80	13.66	112701.21
贵德县	2020	12333.47	6.81	11.86	86.04	20.72	46.87	58.12	48121.76
兴海县	2020	14672.73	1.77	5.46	90.05	9.38	48.52	9.23	116072.28
贵南县	2020	12751.26	3.32	9.16	84.60	9.17	45.66	19.54	125369.63
玛沁县	2020	12838.83	0.28	1.29	100.00	2.25	49.55	9.67	32215.59
班玛县	2020	9140.88	3.09	9.82	100.00	12.80	47.90	11.19	15624.94
甘德县	2020	9156.00	4.87	2.15	98.80	2.41	47.95	8.62	14246.36
达日县	2020	8835.85	0.16	1.54	72.73	0.96	49.04	5.88	13461.84
久治县	2020	8920.67	0.21	1.22	100.00	9.70	48.97	4.56	17399.27
玛多县	2020	9392.93	0.05	0.93	75.84	12.88	49.57	2.13	9216.90
玉树市	2020	10842.20	1.08	2.24	100.00	6.10	37.71	11.39	81094.62
杂多县	2020	9821.56	2.64	7.62	89.61	12.62	46.10	—	104754.51
称多县	2020	9465.41	11.18	1.22	78.73	9.94	49.49	30.16	32793.92
治多县	2020	10613.37	10.36	0.05	99.36	21.17	46.68	0.18	58447.85
囊谦县	2020	8727.72	8.64	0.31	78.61	10.91	46.50	1.05	81799.86
曲麻莱县	2020	10201.40	7.08	0.94	100.00	5.26	40.87	11.73	56772.36
格尔木市	2020	20543.08	6.07	10.73	96.50	59.39	36.79	33.33	69511.69
德令哈市	2020	17121.36	4.93	6.80	97.51	36.13	46.17	16.54	89706.92
乌兰县	2020	14444.66	2.64	6.84	99.48	13.20	43.50	—	57101.94
都兰县	2020	14492.28	7.37	8.27	93.08	44.57	42.97	25.91	177692.70
天峻县	2020	15384.78	0.19	1.25	100.00	2.32	44.41	5.01	55072.44
城东区	2019	18744.66	95.60	48.63	35.44	10.51	42.14	96.10	1192.49
城中区	2019	17577.13	74.72	49.70	35.02	36.95	18.22	99.33	14340.94
城西区	2019	21183.90	99.92	51.43	48.17	14.42	37.59	88.38	3578.74
城北区	2019	24287.28	90.36	48.46	47.02	29.32	46.19	97.86	13298.28
大通县	2019	12478.00	63.06	46.62	20.19	35.59	21.52	81.44	195765.01

续表

地区	年份	人均可支配收入（元）	非农就业率（%）	非农就业性别结构（%）	非农就业知识结构（%）	非农就业行业结构1（%）	非农就业行业结构2（%）	非农就业地区结构（%）	农业发展水平
湟中县	2019	11756.00	56.31	44.63	26.10	27.73	20.37	87.43	231153.03
湟源县	2019	12146.00	31.81	45.34	19.73	17.48	9.19	93.45	68056.08
平安县	2019	12015.00	63.97	47.31	12.98	17.98	22.92	73.81	56551.25
民和县	2019	11875.00	58.64	47.83	23.48	30.66	23.74	71.41	135560.18
乐都区	2019	11706.00	71.85	48.75	40.24	25.86	37.74	86.83	157866.44
互助县	2019	11760.00	53.49	45.91	15.38	23.65	17.10	86.07	243917.86
化隆县	2019	10777.00	40.04	48.69	12.74	12.00	24.92	49.90	82530.46
循化县	2019	11628.00	61.82	44.03	22.52	17.33	30.27	50.96	58164.64
门源县	2019	12518.00	62.45	39.00	18.55	36.87	16.20	52.41	102600.63
祁连县	2019	16081.00	26.12	48.33	20.17	1.80	17.47	89.66	65798.63
海晏县	2019	15254.00	42.90	46.49	14.40	9.99	25.94	97.10	24890.21
刚察县	2019	16681.00	15.17	38.99	7.49	3.16	5.36	98.58	58929.68
同仁县	2019	10423.00	30.96	64.99	7.65	12.49	11.83	94.99	56935.23
尖扎县	2019	10400.00	26.03	49.83	6.15	10.82	13.63	76.47	27933.53
泽库县	2019	8240.00	13.68	50.72	7.58	2.61	6.56	98.62	93945.30
河南县	2019	11841.00	10.31	50.11	7.67	0.92	8.67	100.00	83327.01
共和县	2019	13198.00	27.89	47.35	7.77	7.19	11.86	90.11	107144.78
同德县	2019	12007.00	14.05	48.56	6.00	4.91	7.55	93.10	92610.05
贵德县	2019	11527.00	55.08	46.57	17.56	25.97	14.09	84.29	40444.14
兴海县	2019	13708.00	8.32	49.12	6.81	1.70	4.56	71.78	95465.75
贵南县	2019	11916.00	19.41	45.49	8.88	1.24	11.64	84.22	103717.21
玛沁县	2019	12221.00	5.01	49.31	2.13	0.24	1.45	100.00	26741.54
班玛县	2019	8409.00	9.85	48.61	11.99	0.36	9.44	100.00	13010.31
甘德县	2019	8389.00	4.51	48.14	15.46	0.64	4.09	84.65	11842.35
达日县	2019	8137.00	4.78	48.99	0.80	0.94	0.96	91.23	11197.51
久治县	2019	8214.00	5.76	50.15	6.69	0.84	3.90	86.24	14442.99
玛多县	2019	8615.00	2.15	49.45	12.71	0.85	1.60	98.65	7598.34

续表

地区	年份	人均可支配收入（元）	非农就业率（%）	非农就业性别结构（%）	非农就业知识结构（%）	非农就业行业结构1（%）	非农就业行业结构2（%）	非农就业地区结构（%）	农业发展水平
玉树市	2019	10055.00	11.39	37.71	6.10	0.82	3.39	99.97	67527.99
杂多县	2019	9168.00	5.21	46.14	10.16	0.92	3.54	97.26	91033.16
称多县	2019	8876.00	4.85	50.21	9.08	0.49	1.60	100.00	27158.28
治多县	2019	9876.00	6.23	47.33	20.33	0.76	3.54	93.23	48554.35
囊谦县	2019	8145.00	1.05	46.50	10.91	0.64	0.31	100.00	68837.68
曲麻莱县	2019	9536.00	8.79	40.71	4.89	6.55	0.29	93.02	47134.79
格尔木市	2019	19842.00	33.36	35.42	63.79	13.02	12.63	95.41	56377.89
德令哈市	2019	15907.00	30.35	47.61	35.03	14.09	14.83	91.70	70986.80
乌兰县	2019	13458.00	29.16	42.67	37.35	12.46	14.42	87.58	41241.00
都兰县	2019	13346.00	25.78	39.87	17.86	3.08	8.28	100.00	145096.19
天峻县	2019	13404.00	5.01	44.41	2.27	5.61	4.04	94.36	37520.01
城东区	2018	17196.94	95.21	49.54	36.61	9.52	41.82	95.74	883.08
城中区	2018	16276.67	74.72	49.70	34.68	36.95	18.22	99.34	12399.33
城西区	2018	19434.77	99.90	51.08	36.07	15.47	37.22	89.10	1101.76
城北区	2018	22524.59	88.87	49.77	44.27	30.56	42.22	99.40	9809.38
大通县	2018	11278.63	63.07	46.62	21.32	35.62	21.49	81.45	175690.12
湟中县	2018	10762.09	56.57	44.53	25.04	27.30	21.46	84.52	204316.93
湟源县	2018	11049.20	29.76	45.49	19.22	16.74	9.95	94.50	60874.50
平安县	2018	10995.77	66.79	45.09	12.89	19.82	23.82	71.68	48986.00
民和县	2018	10865.92	57.54	46.95	21.74	29.85	23.67	64.83	118243.45
乐都区	2018	10706.12	71.69	48.78	33.94	25.86	37.67	85.30	138436.54
互助县	2018	10748.19	50.13	45.48	15.92	22.97	14.89	83.31	213717.60
化隆县	2018	9859.83	39.31	48.69	11.34	12.08	24.15	49.98	72865.94
循化县	2018	10662.37	60.63	44.32	21.67	23.17	25.90	50.91	51434.47
门源县	2018	11474.28	62.60	38.35	20.17	37.71	15.72	74.37	91900.23
祁连县	2018	14670.30	25.15	47.45	20.27	1.57	17.21	91.81	60397.54
海晏县	2018	13940.44	41.62	46.11	13.54	8.23	24.00	97.37	22744.76

续表

地区	年份	人均可支配收入（元）	非农就业率（%）	非农就业性别结构（%）	非农就业知识结构（%）	非农就业行业结构1（%）	非农就业行业结构2（%）	非农就业地区结构（%）	农业发展水平
刚察县	2018	15301.16	15.00	44.40	7.42	5.19	5.35	97.60	53666.88
同仁县	2018	9381.00	31.82	52.46	8.10	11.18	12.40	93.90	50095.00
尖扎县	2018	9383.67	25.82	49.83	5.88	10.50	13.66	76.48	24783.00
泽库县	2018	7325.27	12.34	49.08	6.93	2.05	5.83	98.39	85070.41
河南县	2018	10724.95	21.96	49.23	6.74	11.63	9.35	86.64	75733.06
共和县	2018	12097.06	26.76	47.31	7.40	7.88	10.84	90.49	95327.05
同德县	2018	10976.15	14.49	48.41	5.15	5.48	7.44	93.58	83482.38
贵德县	2018	10545.91	57.00	46.54	16.86	26.00	14.32	84.82	35645.75
兴海县	2018	12506.58	9.87	49.42	5.38	1.71	6.27	97.56	85979.47
贵南县	2018	10882.30	19.69	45.38	9.72	1.08	11.66	83.95	92866.39
玛沁县	2018	11072.27	4.36	49.68	1.33	0.26	1.30	100.00	23863.40
班玛县	2018	7206.26	9.48	49.27	10.30	0.26	9.48	100.00	11574.03
甘德县	2018	6848.29	5.00	50.00	3.04	1.23	3.80	100.00	10552.86
达日县	2018	6510.43	4.82	48.85	0.46	1.54	1.59	100.00	9971.73
久治县	2018	7020.51	6.27	49.81	6.06	1.69	3.11	100.00	12888.35
玛多县	2018	7401.28	0.25	48.02	3.41	8.46	5.97	100.00	6827.33
玉树市	2018	8601.39	11.38	37.71	6.11	0.82	5.48	100.00	60070.09
杂多县	2018	7895.88	0.12	54.94	1.19	0.59	4.87	100.00	77595.93
称多县	2018	7708.82	5.30	48.36	5.93	0.47	1.50	100.00	24291.79
治多县	2018	8520.44	0.97	49.78	19.28	0.67	4.98	100.00	43294.70
囊谦县	2018	6785.49	0.97	46.05	10.91	5.69	0.24	100.00	60592.49
曲麻莱县	2018	8198.71	23.81	44.71	3.60	10.28	8.26	100.00	42053.60
格尔木市	2018	18366.36	48.58	49.03	101.56	25.11	19.28	94.14	51490.14
德令哈市	2018	14615.66	30.33	47.83	34.55	14.16	14.82	95.98	66449.57
乌兰县	2018	12212.60	29.28	42.13	35.47	13.35	13.55	89.05	42297.73
都兰县	2018	12371.95	25.78	39.87	17.26	12.18	8.28	87.59	131624.22
天峻县	2018	12994.89	4.90	44.40	2.06	15.46	3.99	100.00	40794.40

续表

地区	年份	人均可支配收入（元）	非农就业率(%)	非农就业性别结构（%）	非农就业知识结构（%）	非农就业行业结构1(%)	非农就业行业结构2(%)	非农就业地区结构（%）	农业发展水平
城东区	2017	15923.09	94.67	49.99	31.68	10.77	42.03	95.96	953.99
城中区	2017	14931.30	74.72	49.70	34.67	36.95	18.22	99.33	11472.75
城西区	2017	17995.16	99.74	50.88	34.59	15.04	36.14	89.45	2862.99
城北区	2017	20631.40	88.19	49.80	42.99	30.19	41.47	99.32	10638.62
大通县	2017	10303.50	63.09	46.62	19.98	35.58	21.55	81.47	156612.01
湟中县	2017	9824.48	59.23	45.47	24.40	31.72	20.08	84.22	184922.42
湟源县	2017	10077.92	25.35	45.58	19.52	15.07	7.76	90.44	54444.86
平安县	2017	9938.59	65.30	46.18	11.95	19.34	22.16	74.54	45241.00
民和县	2017	9791.48	57.41	47.86	21.49	29.99	23.26	64.24	108448.14
乐都区	2017	10025.52	59.37	47.21	32.38	34.95	12.58	81.38	126293.15
互助县	2017	9810.00	48.06	46.34	14.35	23.30	13.77	77.16	195134.29
化隆县	2017	8992.05	38.38	48.78	10.32	11.69	23.49	50.05	66024.37
循化县	2017	9733.42	61.63	46.36	16.25	26.40	23.90	48.54	46531.71
门源县	2017	10525.05	52.40	44.74	18.57	37.04	12.22	70.73	82080.50
祁连县	2017	13459.58	23.47	48.37	15.38	1.12	14.03	84.71	52638.90
海晏县	2017	12774.98	46.14	47.54	12.14	11.14	20.76	96.88	19912.17
刚察县	2017	14037.82	15.87	47.77	4.59	7.58	4.87	98.45	47143.74
同仁县	2017	8571.80	29.92	52.18	7.27	11.91	11.68	94.23	45548.18
尖扎县	2017	8581.57	25.83	49.83	4.94	10.51	13.67	76.59	22346.82
泽库县	2017	6620.56	10.29	49.00	5.94	2.04	4.64	98.05	75156.24
河南县	2017	9836.56	10.28	50.10	4.14	—	9.76	100.00	66661.61
共和县	2017	11086.19	26.03	46.76	6.63	7.73	10.72	89.28	85715.82
同德县	2017	10060.70	14.08	48.26	5.09	5.45	7.08	92.28	74088.04
贵德县	2017	9674.91	57.97	46.45	16.58	24.95	14.47	84.85	32355.31
兴海县	2017	11379.24	8.73	49.46	4.65	1.67	5.25	80.72	76372.60
贵南县	2017	9902.39	20.11	45.35	9.41	1.11	11.95	83.89	82973.77
玛沁县	2017	10085.57	3.96	50.01	1.26	0.27	2.10	100.00	21393.23

续表

地区	年份	人均可支配收入（元）	非农就业率（%）	非农就业性别结构（%）	非农就业知识结构（%）	非农就业行业结构1（%）	非农就业行业结构2（%）	非农就业地区结构（%）	农业发展水平
班玛县	2017	6203. 87	8. 26	49. 64	10. 23	0. 56	8. 26	100. 00	10408. 25
甘德县	2017	5522. 68	4. 92	49. 39	2. 63	2. 34	3. 82	100. 00	9473. 88
达日县	2017	5131. 22	3. 71	48. 96	0. 42	1. 65	0. 69	100. 00	8958. 01
久治县	2017	6135. 06	5. 82	49. 91	6. 14	4. 26	2. 83	100. 00	11554. 39
玛多县	2017	6490. 81	5. 64	48. 15	3. 23	5. 16	2. 64	100. 00	6078. 67
玉树市	2017	7558. 11	11. 38	37. 71	6. 11	4. 36	3. 38	100. 00	54022. 39
杂多县	2017	7163. 14	1. 06	48. 00	20. 48	0. 39	0. 94	98. 45	72826. 53
称多县	2017	6770. 23	7. 40	47. 69	4. 65	1. 02	0. 77	99. 97	21726. 62
治多县	2017	7607. 57	4. 60	49. 53	7. 56	1. 09	0. 56	84. 26	38843. 48
囊谦县	2017	5651. 45	1. 02	45. 99	10. 38	5. 64	0. 25	84. 65	55070. 14
曲麻莱县	2017	7453. 71	28. 50	47. 92	5. 06	11. 29	11. 07	95. 64	37707. 83
格尔木市	2017	16850. 64	48. 68	49. 04	101. 54	25. 64	19. 22	100. 00	45102. 31
德令哈市	2017	13387. 78	30. 47	47. 82	34. 51	14. 15	14. 95	96. 83	56789. 44
乌兰县	2017	11177. 53	30. 68	40. 67	19. 36	11. 03	17. 01	88. 63	32992. 80
都兰县	2017	11349. 91	25. 78	39. 87	16. 18	12. 78	8. 31	87. 63	116076. 95
天峻县	2017	11897. 34	4. 88	44. 40	2. 02	5. 64	3. 98	100. 00	30016. 01
城东区	2016	14724. 57	98. 57	49. 40	32. 05	9. 61	43. 24	93. 19	1401. 51
城中区	2016	13786. 31	74. 72	49. 70	34. 47	36. 95	18. 22	99. 33	10832. 72
城西区	2016	16661. 72	99. 64	51. 01	28. 96	16. 35	33. 04	86. 94	717. 78
城北区	2016	19147. 37	86. 40	49. 83	38. 65	30. 31	40. 60	99. 09	14729. 77
大通县	2016	9443. 01	62. 62	46. 05	18. 69	35. 56	21. 16	81. 85	145385. 29
湟中县	2016	9005. 96	59. 41	45. 46	23. 72	32. 31	19. 65	84. 31	172266. 94
湟源县	2016	9225. 23	24. 16	43. 66	19. 55	14. 23	6. 92	89. 56	50278. 38
平安县	2016	9116. 84	67. 45	43. 10	11. 61	20. 05	23. 12	74. 45	42830. 70
民和县	2016	9013. 35	57. 31	47. 27	17. 70	29. 73	23. 85	66. 26	103134. 40
乐都区	2016	9233. 00	58. 65	47. 19	31. 78	34. 94	12. 54	79. 30	119538. 05
互助县	2016	9029. 45	48. 10	47. 15	13. 82	23. 42	13. 56	77. 07	186214. 68

续表

地区	年份	人均可支配收入（元）	非农就业率（%）	非农就业性别结构（%）	非农就业知识结构（%）	非农就业行业结构1（%）	非农就业行业结构2（%）	非农就业地区结构（%）	农业发展水平
化隆县	2016	8271.04	37.45	48.77	9.52	11.59	22.60	50.07	62745.11
循化县	2016	8919.28	61.57	47.80	16.73	28.30	21.30	52.46	44378.12
门源县	2016	9646.12	52.91	45.52	19.12	37.50	12.26	69.90	74230.88
祁连县	2016	12344.93	32.33	47.50	10.96	3.54	16.50	82.31	47059.98
海晏县	2016	11694.59	47.09	46.97	8.37	21.21	15.46	96.75	17809.78
刚察县	2016	12864.10	16.64	43.11	5.00	7.70	4.99	97.94	42218.91
同仁县	2016	7861.22	30.00	51.36	7.53	12.16	12.74	93.30	43689.50
尖扎县	2016	7871.45	23.88	48.48	3.50	10.14	12.15	84.94	21562.02
泽库县	2016	5976.14	13.63	49.25	5.89	4.00	5.74	98.19	72843.51
河南县	2016	8988.23	9.25	50.30	3.69	5.00	8.92	100.00	64620.49
共和县	2016	10168.29	25.33	46.39	6.50	8.34	10.44	88.83	80384.22
同德县	2016	9211.74	13.80	48.66	4.43	5.29	7.20	93.48	69284.68
贵德县	2016	8879.18	56.88	46.40	15.98	25.35	13.33	80.69	30426.00
兴海县	2016	10397.99	8.56	49.29	4.72	1.69	5.66	90.70	71479.04
贵南县	2016	9057.42	20.18	45.81	9.23	1.27	11.91	83.93	77713.88
玛沁县	2016	9185.25	4.74	50.43	2.98	4.25	14.35	94.36	20160.18
班玛县	2016	5688.42	7.86	49.87	10.54	4.36	7.86	95.61	9764.78
甘德县	2016	4997.17	4.40	49.90	2.56	5.26	4.10	94.26	8846.67
达日县	2016	4583.55	3.65	49.13	0.28	5.34	0.54	91.32	8433.13
久治县	2016	5621.24	5.77	49.88	6.14	8.24	3.07	97.26	10876.76
玛多县	2016	5864.68	8.64	49.80	2.78	0.91	4.69	89.16	5732.10
玉树市	2016	6846.09	10.50	43.89	5.58	0.78	3.41	87.46	50250.05
杂多县	2016	6384.74	10.56	46.48	7.66	0.45	6.45	88.25	70536.99
称多县	2016	6198.85	10.86	47.16	5.57	4.56	0.42	99.65	19902.21
治多县	2016	6902.64	8.46	49.89	5.71	5.62	0.95	89.61	36056.13
囊谦县	2016	5057.94	0.95	45.76	10.35	5.89	0.17	89.61	51624.11
曲麻莱县	2016	6748.67	28.49	45.49	4.71	11.29	10.65	90.32	35260.00

续表

地区	年份	人均可支配收入（元）	非农就业率（%）	非农就业性别结构（%）	非农就业知识结构（%）	非农就业行业结构1（%）	非农就业行业结构2（%）	非农就业地区结构（%）	农业发展水平
格尔木市	2016	15455. 13	48. 68	49. 04	101. 54	25. 64	19. 22	100. 00	45102. 31
德令哈市	2016	12256. 35	30. 47	47. 82	34. 51	14. 15	14. 95	96. 83	56789. 44
乌兰县	2016	10220. 18	30. 68	40. 67	19. 36	11. 03	17. 01	88. 63	32992. 80
都兰县	2016	10381. 98	25. 78	39. 87	16. 18	12. 78	8. 31	87. 63	116076. 95
天峻县	2016	10874. 26	4. 88	44. 40	2. 02	9. 84	3. 98	100. 00	30016. 01
城东区	2015	13466. 34	98. 49	48. 34	29. 47	12. 54	45. 81	93. 63	1242. 81
城中区	2015	12609. 70	74. 72	49. 68	34. 47	36. 95	18. 22	99. 30	10733. 59
城西区	2015	15255. 26	99. 20	51. 32	26. 44	15. 30	37. 23	89. 89	806. 85
城北区	2015	17563. 67	86. 00	50. 27	32. 08	33. 28	39. 25	93. 57	14618. 14
大通县	2015	8650. 88	62. 86	45. 78	16. 01	34. 71	20. 73	78. 49	138407. 61
湟中县	2015	8249. 25	59. 09	45. 55	23. 52	32. 14	19. 49	81. 63	164923. 27
湟源县	2015	8445. 73	20. 99	46. 06	15. 27	12. 00	6. 75	86. 23	47774. 72
平安县	2015	8361. 80	65. 27	46. 20	12. 01	19. 50	21. 72	80. 66	41485. 75
民和县	2015	8258. 99	56. 34	47. 62	18. 42	28. 08	23. 57	67. 47	99746. 67
乐都区	2015	8469. 67	59. 30	47. 23	28. 04	35. 17	11. 95	78. 76	115775. 02
互助县	2015	8273. 86	46. 81	47. 36	14. 30	22. 91	12. 66	77. 71	180251. 41
化隆县	2015	7571. 23	36. 16	48. 73	9. 31	10. 15	23. 02	50. 55	60546. 82
循化县	2015	8157. 91	60. 23	47. 66	12. 17	26. 29	21. 63	46. 07	42942. 16
门源县	2015	8848. 59	53. 10	45. 52	19. 12	37. 50	12. 26	69. 90	70941. 66
祁连县	2015	11285. 09	32. 33	47. 50	9. 99	3. 77	16. 52	84. 79	44539. 51
海晏县	2015	10706. 14	39. 99	47. 65	8. 02	12. 96	12. 17	95. 57	16853. 67
刚察县	2015	11776. 46	19. 79	41. 11	7. 28	7. 51	5. 93	98. 28	39959. 65
同仁县	2015	7205. 37	29. 07	51. 76	5. 07	12. 21	11. 49	94. 61	43015. 93
尖扎县	2015	7219. 03	22. 77	49. 08	3. 52	9. 99	11. 18	85. 49	21267. 89
泽库县	2015	5443. 26	13. 16	49. 00	5. 56	3. 35	6. 16	99. 43	72673. 72
河南县	2015	8213. 37	8. 41	50. 16	5. 04	4. 60	8. 15	100. 00	64706. 00
共和县	2015	9324. 99	26. 13	46. 31	6. 41	9. 25	10. 63	88. 76	77478. 83

续表

地区	年份	人均可支配收入（元）	非农就业率(%)	非农就业性别结构（%）	非农就业知识结构（%）	非农就业行业结构1(%)	非农就业行业结构2(%)	非农就业地区结构（%）	农业发展水平
同德县	2015	8421.43	13.36	48.68	4.30	4.99	7.87	91.31	66841.25
贵德县	2015	8150.94	56.59	46.40	15.97	29.20	13.60	80.69	29223.07
兴海县	2015	9444.03	8.64	49.41	4.50	1.71	5.14	74.93	68888.58
贵南县	2015	8291.38	19.63	45.42	8.70	1.08	11.82	83.50	74495.10
玛沁县	2015	8387.28	4.09	49.94	0.41	1.59	5.64	8461.00	19140.52
班玛县	2015	5203.42	7.51	49.79	10.65	1.69	7.51	99.58	9124.53
甘德县	2015	4546.87	4.40	49.90	2.56	2.45	4.10	89.24	8332.09
达日县	2015	4032.15	3.62	49.28	0.22	2.94	0.52	94.56	7894.17
久治县	2015	5119.60	5.79	49.92	6.14	3.56	3.07	94.36	10146.34
玛多县	2015	5351.22	5.69	49.31	2.79	3.45	2.80	95.21	5377.21
玉树市	2015	6163.93	10.55	43.87	5.36	0.75	3.24	96.21	49276.32
杂多县	2015	5765.70	8.45	45.00	7.55	0.45	3.15	97.15	69033.07
称多县	2015	5628.38	3.72	42.09	4.47	1.10	1.12	86.15	19622.51
治多县	2015	6264.25	0.94	45.54	2.99	0.45	1.36	86.00	35552.08
囊谦县	2015	4495.24	0.82	47.33	10.38	0.25	0.04	86.46	50665.82
曲麻莱县	2015	6124.15	28.49	45.49	4.72	11.29	10.64	100.00	34774.49
格尔木市	2015	14297.02	48.68	49.04	101.54	25.64	19.22	100.00	42631.36
德令哈市	2015	11230.78	26.18	47.88	30.44	13.15	12.10	96.32	52725.89
乌兰县	2015	9349.80	30.52	40.65	18.40	10.19	17.45	88.58	29805.95
都兰县	2015	9496.30	25.78	39.87	15.70	12.78	8.32	87.52	114194.82
天峻县	2015	9940.27	3.78	44.85	1.46	9.84	3.28	100.00	28777.55
城东区	2014	15422.64	98.36	43.82	34.33	19.25	40.89	93.71	1106.36
城中区	2014	9806.48	64.88	49.68	33.25	32.05	10.61	99.32	10898.12
城西区	2014	15915.36	98.66	51.17	22.87	13.10	22.61	91.35	829.74
城北区	2014	15402.58	85.61	48.78	25.27	30.90	19.91	95.61	15082.37
大通县	2014	10570.11	61.52	45.49	15.59	35.20	11.70	81.68	138212.50
湟中县	2014	9095.92	59.54	45.73	23.77	31.47	14.28	84.00	163690.49

续表

地区	年份	人均可支配收入（元）	非农就业率（%）	非农就业性别结构（%）	非农就业知识结构（%）	非农就业行业结构1（%）	非农就业行业结构2（%）	非农就业地区结构（%）	农业发展水平
湟源县	2014	7413.60	20.87	45.99	15.23	11.91	3.18	86.38	47668.39
平安县	2014	7378.68	66.17	45.86	13.75	20.09	16.58	85.98	40757.71
民和县	2014	6592.64	54.40	48.07	20.73	26.22	17.11	69.32	97884.37
乐都区	2014	7399.14	58.44	47.07	24.34	34.42	8.81	78.62	113334.30
互助县	2014	7546.91	46.66	47.34	14.03	22.86	8.32	78.15	177208.03
化隆县	2014	6599.74	34.15	48.33	9.19	10.18	17.53	50.30	59583.00
循化县	2014	6094.16	66.43	48.00	16.30	22.65	24.38	47.75	42397.82
门源县	2014	8754.35	53.70	41.54	20.12	33.56	9.91	71.67	72040.15
祁连县	2014	11224.97	27.63	47.55	8.94	2.42	10.74	82.08	45204.84
海晏县	2014	10091.31	47.11	47.16	7.67	23.51	10.91	95.61	17123.19
刚察县	2014	11797.91	19.01	36.92	7.33	7.17	4.24	98.71	40576.28
同仁县	2014	5937.62	26.40	49.10	4.96	11.27	6.00	91.45	42439.99
尖扎县	2014	5184.64	22.23	49.26	3.58	10.32	10.54	83.70	20918.26
泽库县	2014	4741.87	10.91	49.37	6.74	2.32	2.95	97.92	72780.33
河南县	2014	7636.23	8.59	50.89	4.86	8.45	5.35	100.00	64789.19
共和县	2014	8705.22	25.22	46.18	5.94	8.57	8.25	88.25	75759.56
同德县	2014	7362.61	12.46	48.68	4.30	4.74	5.15	91.46	65856.79
贵德县	2014	7523.74	57.28	46.44	11.74	28.83	7.84	86.47	28601.28
兴海县	2014	8778.72	6.47	48.28	4.04	0.99	2.84	87.38	67761.27
贵南县	2014	7711.29	19.59	47.70	8.42	2.55	7.51	83.17	73258.51
玛沁县	2014	7835.40	4.15	49.89	0.39	1.56	4.50	89.12	19351.83
班玛县	2014	4359.75	7.14	50.14	10.90	4.36	4.14	76.10	9245.92
甘德县	2014	3757.54	3.86	49.90	2.55	5.48	2.34	75.60	8429.73
达日县	2014	3447.81	3.51	48.94	0.12	2.67	0.47	84.50	8005.11
久治县	2014	4316.76	5.85	49.83	7.02	2.45	2.45	86.10	10278.30
玛多县	2014	4606.50	5.80	48.64	2.78	0.94	2.60	89.31	5405.01
玉树市	2014	5252.20	10.23	49.68	5.32	0.65	2.62	99.40	5463.12

续表

地区	年份	人均可支配收入（元）	非农就业率(%)	非农就业性别结构（%）	非农就业知识结构（%）	非农就业行业结构1(%)	非农就业行业结构2(%)	非农就业地区结构（%）	农业发展水平
杂多县	2014	4888.97	8.40	48.85	2.85	1.94	4.60	97.40	47892.12
称多县	2014	4486.58	4.64	45.05	4.30	0.96	0.43	100.00	58962.14
治多县	2014	5248.49	4.80	48.64	7.50	0.93	0.46	97.16	78654.20
囊谦县	2014	3709.29	0.92	47.66	10.37	14.40	0.03	97.54	84501.26
曲麻莱县	2014	5245.75	26.64	47.53	3.75	10.76	10.53	96.45	54789.25
格尔木市	2014	12833.37	51.10	49.04	81.82	18.11	11.27	92.02	41209.96
德令哈市	2014	10340.16	26.74	46.83	21.70	13.32	8.88	96.31	49997.06
乌兰县	2014	9142.64	30.62	40.20	17.77	10.09	13.10	84.35	29562.57
都兰县	2014	9356.86	25.77	39.87	15.02	12.68	4.92	87.49	106668.76
天峻县	2014	11787.42	3.84	45.02	1.15	—	3.38	100.00	29103.44
城东区	2013	13659.94	98.32	43.90	33.03	19.69	75.43	97.16	1092.48
城中区	2013	8663.12	64.91	50.05	34.40	30.87	36.71	99.39	10833.48
城西区	2013	14071.81	98.17	50.89	26.10	13.72	37.26	90.81	1004.52
城北区	2013	13643.10	79.07	47.03	30.60	35.00	29.55	91.53	15771.14
大通县	2013	9362.15	59.95	46.24	15.13	32.38	9.20	80.28	130899.59
湟中县	2013	8064.06	58.38	45.72	22.17	32.10	15.37	83.19	156120.50
湟源县	2013	6543.87	20.58	46.16	14.64	11.67	59.93	83.87	45189.32
平安县	2013	6548.68	64.06	45.68	28.32	12.63	22.37	86.45	40065.87
民和县	2013	5839.18	57.12	47.91	17.05	27.86	12.62	73.36	96082.81
乐都区	2013	6514.50	58.19	47.89	22.08	32.32	28.64	75.94	111238.49
互助县	2013	6733.92	45.44	47.15	13.47	22.31	9.68	77.54	174148.49
化隆县	2013	5854.06	35.97	47.12	9.35	9.77	16.19	49.25	58741.71
循化县	2013	5403.82	64.72	45.17	11.41	15.55	45.01	50.46	40821.41
门源县	2013	7773.35	51.97	40.35	23.36	31.78	20.52	69.79	67737.92
祁连县	2013	9887.25	27.12	47.10	6.52	2.37	37.02	85.55	42298.40
海晏县	2013	8960.78	45.70	46.93	7.62	21.68	23.12	95.33	15901.91
刚察县	2013	10686.78	16.37	37.81	7.31	7.43	10.04	98.64	37764.61

续表

地区	年份	人均可支配收入（元）	非农就业率（%）	非农就业性别结构（%）	非农就业知识结构（%）	非农就业行业结构1（%）	非农就业行业结构2（%）	非农就业地区结构（%）	农业发展水平
同仁县	2013	5243.85	26.14	51.14	2.92	12.11	20.66	94.88	40652.74
尖扎县	2013	4567.16	23.68	49.26	3.20	12.01	11.00	84.02	19810.97
泽库县	2013	4160.44	10.89	49.37	6.69	2.44	9.92	95.14	69368.99
河南县	2013	6818.84	10.09	50.69	4.46	2.50	8.45	100.00	62036.95
共和县	2013	7703.86	24.56	45.82	5.73	8.32	26.90	87.95	71249.46
同德县	2013	6494.08	12.74	45.83	3.07	5.26	14.86	96.24	62068.91
贵德县	2013	6639.52	57.25	46.50	11.85	29.86	6.58	86.56	26934.77
兴海县	2013	7770.40	6.23	48.87	3.65	0.83	13.86	95.31	63911.02
贵南县	2013	6811.17	20.10	46.59	8.22	0.89	6.17	83.85	69316.01
玛沁县	2013	6935.24	3.62	49.44	0.40	0.91	5.72	94.21	17791.34
班玛县	2013	3857.23	6.62	49.91	11.20	0.97	2.89	90.15	8815.53
甘德县	2013	3307.69	3.62	49.90	2.67	1.21	4.16	94.25	7810.49
达日县	2013	3033.98	3.37	49.49	0.06	2.23	1.94	98.24	7552.73
久治县	2013	3803.98	5.87	49.75	7.09	1.56	1.14	85.10	9464.68
玛多县	2013	4071.50	5.86	48.75	2.66	2.65	4.12	86.14	5059.70
玉树县	2013	4608.00	8.14	48.88	4.00	0.69	3.67	99.51	44477.44
杂多县	2013	4298.10	8.16	49.00	2.85	0.58	2.21	94.56	71101.43
称多县	2013	3942.00	4.64	45.00	4.30	0.96	0.58	100.00	21534.98
治多县	2013	4674.07	0.94	48.64	5.60	0.85	0.58	96.15	39862.17
囊谦县	2013	3262.64	0.92	47.66	10.37	0.94	0.97	97.45	41892.50
曲麻莱县	2013	4669.78	26.64	47.53	3.75	10.76	5.43	95.46	37595.47
格尔木市	2013	11249.44	49.26	44.67	11.73	24.25	40.12	93.49	34404.49
德令哈市	2013	9212.61	31.82	49.20	11.82	15.93	18.61	96.27	40294.58
乌兰县	2013	8145.24	28.63	40.73	17.29	10.75	17.88	83.21	24967.54
都兰县	2013	8375.47	20.34	43.95	12.62	11.81	6.85	76.77	89640.13
天峻县	2013	10901.95	3.77	45.00	1.02	—	17.43	100.00	28329.92
城东区	2012	13880.38	88.52	39.44	30.90	17.33	36.80	89.02	995.72

续表

地区	年份	人均可支配收入（元）	非农就业率(%)	非农就业性别结构（%）	非农就业知识结构（%）	非农就业行业结构1(%)	非农就业行业结构2(%)	非农就业地区结构（%）	农业发展水平
城中区	2012	8825.83	58.39	44.71	29.93	28.85	9.55	94.35	9808.31
城西区	2012	14323.82	88.79	46.05	20.58	11.79	20.35	86.78	746.77
城北区	2012	13862.32	77.05	43.90	22.74	27.81	17.92	90.83	13574.13
大通县	2012	9513.10	55.37	40.94	14.03	31.68	10.53	77.60	124391.25
湟中县	2012	8186.33	53.59	41.16	21.39	28.32	12.85	79.80	147321.44
湟源县	2012	6672.24	18.78	41.39	13.71	10.72	2.86	82.06	42901.55
平安县	2012	6640.81	59.55	41.27	12.38	18.08	14.92	81.68	36681.94
民和县	2012	5933.38	48.96	43.26	18.66	23.60	15.40	65.85	88095.93
乐都区	2012	6659.23	52.60	42.36	21.91	30.98	7.93	74.69	102000.87
互助县	2012	6792.22	41.99	42.61	12.63	20.57	7.49	74.24	159487.23
化隆县	2012	5939.77	30.74	43.50	8.27	9.16	15.78	47.79	53624.70
循化县	2012	5484.74	59.79	43.20	14.67	20.39	21.94	45.36	38158.04
门源县	2012	7878.92	48.33	37.39	18.11	30.20	8.92	68.09	64836.14
祁连县	2012	10102.47	24.87	42.80	8.05	2.18	9.67	77.98	40684.36
海晏县	2012	9082.18	42.40	42.44	6.90	21.16	9.82	90.83	15410.87
刚察县	2012	10618.12	17.11	33.23	6.60	6.45	3.82	93.77	36518.65
同仁县	2012	5343.86	23.76	44.19	4.46	10.14	5.40	86.88	38195.99
尖扎县	2012	4666.18	20.01	44.33	3.22	9.29	9.49	79.52	18826.43
泽库县	2012	4267.68	9.82	44.43	6.07	2.09	2.66	93.02	65502.30
河南县	2012	6872.61	7.73	45.80	4.37	7.61	4.82	95.00	58310.27
共和县	2012	7834.70	22.70	41.56	5.35	7.71	7.43	83.84	68183.60
同德县	2012	6626.35	11.21	43.81	3.87	4.27	4.64	86.89	59271.11
贵德县	2012	6771.37	51.55	41.80	10.57	25.95	7.06	82.15	25741.15
兴海县	2012	7900.85	5.82	43.45	3.64	0.89	2.56	83.01	60985.14
贵南县	2012	6940.16	17.63	42.93	7.58	2.30	6.76	79.01	65932.66
玛沁县	2012	7051.86	3.74	44.90	0.35	1.40	4.05	84.66	17416.65
班玛县	2012	3923.78	6.43	45.13	9.81	3.92	3.73	72.30	8321.33

续表

地区	年份	人均可支配收入（元）	非农就业率(%)	非农就业性别结构（%）	非农就业知识结构（%）	非农就业行业结构1(%)	非农就业行业结构2(%)	非农就业地区结构（%）	农业发展水平
甘德县	2012	3381.79	3.47	44.91	2.30	4.93	2.11	71.82	7586.76
达日县	2012	3103.03	3.16	44.05	0.11	2.40	0.42	80.28	7204.60
久治县	2012	3885.08	5.27	44.85	6.32	2.21	2.21	81.80	9250.47
玛多县	2012	4145.85	5.22	43.78	2.50	0.85	2.34	84.84	4864.51
玉树县	2012	4726.98	9.21	44.71	4.79	0.59	2.36	94.43	4916.81
杂多县	2012	4400.07	7.56	43.97	2.57	1.75	4.14	92.53	43102.91
称多县	2012	4037.92	4.18	40.55	3.87	0.86	0.39	95.00	53065.93
治多县	2012	4723.64	4.32	43.78	6.75	0.84	0.41	92.30	70788.78
囊谦县	2012	3338.36	0.83	42.89	9.33	12.96	0.03	92.66	76051.13
曲麻莱县	2012	4721.18	23.98	42.78	3.38	9.68	9.48	91.63	49310.33
格尔木市	2012	11550.03	45.99	44.14	73.64	16.30	10.14	87.42	37088.96
德令哈市	2012	9306.14	24.07	42.15	19.53	11.99	7.99	91.49	44997.35
乌兰县	2012	8228.38	27.56	36.18	15.99	9.08	11.79	80.13	26606.31
都兰县	2012	8421.17	23.19	35.88	13.52	11.41	4.43	83.12	96001.88
天峻县	2012	10608.68	3.46	40.52	1.04	0.00	3.04	95.00	26193.10
城东区	2011	12293.95	88.49	39.51	29.73	17.72	67.89	92.30	983.23
城中区	2011	7796.81	58.42	45.05	30.96	27.78	33.04	94.42	9750.13
城西区	2011	12664.63	88.35	45.80	23.49	12.35	33.53	86.27	904.07
城北区	2011	12278.79	71.16	42.33	27.54	31.50	26.60	86.95	14194.03
大通县	2011	8425.94	53.96	41.62	13.62	29.14	8.28	76.27	117809.63
湟中县	2011	7257.65	52.54	41.15	19.95	28.89	13.83	79.03	140508.45
湟源县	2011	5889.48	18.52	41.54	13.18	10.50	53.94	79.68	40670.39
平安县	2011	5893.81	57.65	41.11	25.49	11.37	20.13	82.13	36059.28
民和县	2011	5255.26	51.41	43.12	15.35	25.07	11.36	69.69	86474.53
乐都区	2011	5863.05	52.37	43.10	19.87	29.09	25.78	72.14	100114.64
互助县	2011	6060.53	40.90	42.44	12.12	20.08	8.71	73.66	156733.64
化隆县	2011	5268.65	32.37	42.41	8.42	8.79	14.57	46.79	52867.54
循化县	2011	4863.44	58.25	40.65	10.27	14.00	40.51	47.94	36739.27
门源县	2011	6996.02	46.77	36.32	21.02	28.60	18.47	66.30	60964.13
祁连县	2011	8898.53	24.41	42.39	5.87	2.13	33.32	81.27	38068.56

续表

地区	年份	人均可支配收入（元）	非农就业率(%)	非农就业性别结构（%）	非农就业知识结构（%）	非农就业行业结构1(%)	非农就业行业结构2(%)	非农就业地区结构（%）	农业发展水平
海晏县	2011	8064.70	41.13	42.24	6.86	19.51	20.81	90.56	14311.72
刚察县	2011	9618.10	14.73	34.03	6.58	6.69	9.04	93.71	33988.15
同仁县	2011	4719.47	23.53	46.03	2.63	10.90	18.59	90.14	36587.47
尖扎县	2011	4110.44	21.31	44.33	2.88	10.81	9.90	79.82	17829.87
泽库县	2011	3744.40	9.80	44.43	6.02	2.20	8.93	90.38	62432.09
河南县	2011	6136.96	9.08	45.62	4.01	2.25	7.61	95.00	55833.26
共和县	2011	6933.47	22.10	41.24	5.16	7.49	24.21	83.55	64124.51
同德县	2011	5844.67	11.47	41.25	2.76	4.73	13.37	91.43	55862.02
贵德县	2011	5975.57	51.53	41.85	10.67	26.87	5.92	82.23	24241.29
兴海县	2011	6993.36	5.61	43.98	3.29	0.75	12.47	90.54	57519.92
贵南县	2011	6130.05	18.09	41.93	7.40	0.80	5.55	79.66	62384.41
玛沁县	2011	6241.72	3.26	44.50	0.36	0.82	5.15	89.50	16012.21
班玛县	2011	3471.51	5.96	44.92	10.08	0.87	2.60	85.64	7933.98
甘德县	2011	2976.92	3.26	44.91	2.40	1.09	3.74	89.54	7029.44
达日县	2011	2730.58	3.03	44.54	0.05	2.01	1.75	93.33	6797.46
久治县	2011	3423.58	5.28	44.78	6.38	1.40	1.03	80.85	8518.21
玛多县	2011	3664.35	5.27	43.88	2.39	2.39	3.71	81.83	4553.73
玉树县	2011	4147.20	7.33	43.99	3.60	0.62	3.30	94.53	40029.70
杂多县	2011	3868.29	7.34	44.10	2.57	0.52	1.99	89.83	63991.29
称多县	2011	3547.80	4.18	40.50	3.87	0.86	0.52	95.00	19381.48
治多县	2011	4206.66	0.85	43.78	5.04	0.77	0.52	91.34	35875.95
囊谦县	2011	2936.38	0.83	42.89	9.33	0.85	0.87	92.58	37703.25
曲麻莱县	2011	4202.80	23.98	42.78	3.38	9.68	4.89	90.69	33835.92
格尔木市	2011	10124.50	44.33	40.20	10.56	21.83	36.11	88.82	30964.04
德令哈市	2011	8291.35	28.64	44.28	10.64	14.34	16.75	91.46	36265.12
乌兰县	2011	7330.72	25.77	36.66	15.56	9.68	16.09	79.05	22470.79
都兰县	2011	7537.92	18.31	39.56	11.36	10.63	6.17	72.93	80676.12
天峻县	2011	9811.76	3.39	40.50	0.92	0.00	15.69	95.00	25496.23

附录二　调查问卷

青海藏区农牧民非农就业问题研究调查问卷

亲爱的农牧民朋友，您好！

我们是青海大学财经学院“青海藏区农牧民非农就业问题研究”课题组。为了全面了解藏区农牧民的就业问题以及生活状况，进一步完善农牧民就业政策，提升广大农牧民生活水平，促进农牧民的个人发展，课题组设计了此问卷。很荣幸能得到您诚恳和客观的回答，您的回答无对错之分，所填信息我们将严格保密，请您放心填写。

说明：非农就业是指在除农业种植、牧区养殖之外的行业进行生产、经营和服务等。

调查村名：________州（市）________县________乡（镇）________村

一、个人信息（18 个问题）

1. 您的性别________。

A. 男　　B. 女

2. 您的户口性质________。

A. 农业户口　B. 非农业户口

3. 您的年龄________。

A. 16 岁以下　B. 16~25 岁　C. 26~40 岁　D. 41~60 岁　E. 60 岁以上

4. 您的民族________。

A. 汉族　B. 回族　C. 土族　D. 蒙古族　E. 撒拉族

F. 藏族　G. 其他

5. 您的婚姻状况________。

A. 未婚　B. 已婚　C. 离婚　D. 丧偶

6. 您的受教育程度________。

A. 没有上过学　B. 初中及以下　C. 普通高中

D. 职高或技校　E. 大专及以上

7. 您的身体状况________。

A. 很不健康　B. 不健康　C. 一般　D. 健康　E. 很健康

8. 您参加过哪些主体举办的培训________。（可多选）

A. 政府组织　B. 企业组织

C. 相关中介机构　D. 没有参加过

9. 您参加培训的次数为________。

A. 0 次　B. 1 次　C. 2 次

D. 3 次　E. 4 次及以上

10. 您参加的技能培训是________。（可多选）

A. 动物饲养、草地养护或种植

B. 唐卡与刺绣等传统工艺

C. 餐饮与旅游业经营方面的技能

D. 电焊、数控机床与电工等技能

E. 其他技能________

11. 您认为目前自己具备了几项技能？________。

A. 没有技能　B. 一项技能

C. 两项技能　D. 三项及以上技能

12. 您认为自己是否熟练掌握了谋生技能？________。

A. 没有　B. 不熟练　C. 一般　D. 熟练　E. 非常熟练

13. 您是否经常与人交往？________。

A. 几乎不与人交往　B. 很少与人交往

C. 乐于与人交往　D. 乐于与人交往且朋友很多

14. 您觉得自己的普通话水平如何？________。

A. 非常好　　B. 比较好　　C. 一般

D. 比较差　　E. 非常差

15. 您家人的普通话水平如何？________。

A. 非常好　　B. 比较好　　C. 一般　　D. 比较差　　E. 非常差

16. 您认为普通话水平在工作中重要吗？________。

A. 非常不重要　　B. 不重要　　C. 一般

D. 比较重要　　E. 非常重要

17. 您认为自己的吃苦耐劳程度是________。

A. 不能吃苦　　B. 能吃一点苦

C. 比较能吃苦　　D. 很能吃苦

18. 您对未来有没有自己的规划？________。

A. 完全没有考虑　　B. 走一步看一步

C. 有详细规划

二、家庭基本特征因素(7 个问题)

1. 您的家庭人口数________。(1~5 题请您填上具体数字)

2. 您家中学龄前儿童数________。

3. 您家中上学的孩子数________。

4. 您家中 65 岁以上老人数________。

5. 您家中劳动力人数________。

6. 您家庭成员的健康状况________。

A. 都非常健康　　B. 都比较健康

C. 一般　　D. 健康状况比较差

E. 健康状况很差

7. 您家中成员的最高学历________。

A. 没有上过学　　B. 初中及以上　　C. 普通高中

D. 职高或技校　　E. 大专以上

三、家庭资产因素(5 个问题)

1. 您家的农地面积________。

A. 2 亩以下　B. 2~6 亩　C. 6~10 亩　D. 10 亩及以上

2. 您家的草场面积________。

A. 100 亩以下　B. 100~300 亩

C. 300~500 亩　D. 500 亩及以上

3. 您家的农地和草场的用途________。

A. 自己农牧使用　B. 流转租用

C. 集体统一经营　D. 撂荒

E. 其他

4. 您家里的牦牛数量________，山羊数量________。(4~5 题请您填写具体数字)

5. 您家一年享受的畜牧补贴________，您家一年获得的草原生态奖补________。

四、家庭政治资本因素(3 个问题)

1. 您是党员吗？________。

A. 是　B. 否

2. 您家里是否有国家干部职工？________。

A. 是　B. 否

3. 家庭成员是否参加了合作社？________。

A. 是　B. 否

五、村庄因素(12 个问题)

1. 您所在的村委会到乡镇政府的距离________公里，到县城的距离________公里；您居住地的海拔________米。(1~2 题请您填上具体数字)

2. 村内人均硬化道路长度________公里；到最近的公路(高速公路、国道、省道、县道)的距离________公里。

3. 家里水、电、通信的便捷程度________。

A. 非常不便利　B. 不太便利　C. 一般

D. 便利　　　　　　　　　E. 非常便利

4. 您所在村有电子商务服务站点吗？________。

A. 有　　　　B. 没有

5. 您所在村的电子商务服务站点是否在营业？________。

A. 一直在营业　　　　　　B. 偶尔营业

C. 几乎不营业

6. 您使用村电子商务服务站点服务的频率？________。

A. 每周两三次　　　　　　B. 一个月两三次

C. 两三个月一次　　　　　D. 几乎不用

7. 您家庭所在村的经济状况如何？________。

A. 非常穷　　B. 比较穷　　C. 一般　　D. 较富裕

8. 本地关于就业信息获取的便捷程度________。

A. 不可获得　　　　　　B. 较难获得　　　　　　C. 一般

D. 较容易获得　　　　　E. 非常容易获得

9. 您对本地儿童上学便利程度的评价________。

A. 非常不便利　　　　　B. 比较不便利　　　　　C. 一般

D. 比较便利　　　　　　E. 非常便利

10. 您周围的朋友、邻居对非农就业的态度________。

A. 强烈反对　　　　　　B. 反对　　　　　　　　C. 中立

D. 支持　　　　　　　　E. 强烈支持

11. 您所在乡(镇)企业数量________个。(请您填写具体数字)

12. 本地特色产业的发展水平________。

A. 没有　　B. 不太好　　C. 一般　　D. 较好　　E. 非常好

六、社会资本对非农就业的影响(11 个问题)

1. 您与本村人的交往程度________。

A. 从不　　B. 很少　　C. 有时　　D. 经常

2. 您与外村人的交往程度________。

A. 从不　　B. 很少　　C. 有时　　D. 经常

3. 您与城里人的交往程度________。

A. 从不　　B. 很少　　C. 有时　　D. 经常

4. 您与城里的亲戚朋友的交往程度________。

A. 从不　　B. 很少　　C. 有时　　D. 经常

5. 您与村干部的交往程度________。

A. 从不　　B. 很少　　C. 有时　　D. 经常

6. 您与乡镇干部的交往程度________。

A. 从不　　B. 很少　　C. 有时　　D. 经常

7. 您与县级以上干部的交往程度________。

A. 从不　　B. 很少　　C. 有时　　D. 经常

8. 您与专业技术人员的交往程度________。

A. 从不　　B. 很少　　C. 有时　　D. 经常

9. 您与国有或集体企业领导、国有或集体企业管理人员的交往程度________。

A. 从不　　B. 很少　　C. 有时　　D. 经常

10. 您与私企老板、私企管理人员的交往程度________。

A. 从不　　B. 很少　　C. 有时　　D. 经常

11. 您认为自己最为亲密的亲戚有________个；您认为自己最为亲密的朋友有________个。(请您填写具体数字)

七、政策扶持因素(2 个问题)

1. 您是否借过小额信用贷款？________。

A. 有　　B. 没有

2. 您是否有非农产业扶持？________。

A. 有　　B. 没有

八、非农就业特征(15 个问题)

1. 您的就业类型________。(可多选)

A. 农业　　B. 牧业　　C. 非农就业

D. 兼业(既从事农牧业又从事非农业)

2. 您家庭中的非农就业人数________。

A. 没有　　B. 1 个　　C. 2 个　　D. 3 个

E. 4 个及以上

3. 您有多少年的非农就业经历？________。（务工、经商或从政均包括在内，请您填写具体数字）

4. 您一般就业的区域________。（选 A，回答 5~6 题；选 B，回答 7~8 题；选 C，回答 9~10 题）。

A. 本县（乡）　　B. 省内市（州）　　C. 省外

5. 您选择在本县（乡）就业的原因________。（可多选，最多选择 3 项）

A. 收入较高　　B. 离家近

C. 利于兼顾家里的农牧业　　D. 语言沟通便利

E. 熟悉的工作环境　　F. 就业机会多

6. 您经常在本县（乡）从事哪些非农活动？________。

A. 机械加工制造业　　B. 建筑业施工行业

C. 酒店餐饮娱乐业　　D. 家政服务、社区公共服务业

E. 服装纺织业　　F. 农副食品加工业

G. 商业贸易　　H. 物流运输业

I. 虫草挖掘　　J. 行政事业部门

K. 绘画、木工、裁缝、石匠等

L. 其他

7. 您选择省内市（州）就业的原因________。（可多选，最多选择 3 项）

A. 收入较高　　B. 离家近

C. 利于兼顾家里的农牧业　　D. 语言沟通便利

E. 熟悉的工作环境　　F. 就业机会多

8. 您经常在本州（市）或本省从事哪些非农活动？________。

A. 机械加工制造业　　B. 建筑施工行业

C. 酒店餐饮娱乐业　　D. 家政服务、社区公共服务业

E. 服装纺织业　　F. 农副食品加工业

G. 商业贸易　　H. 物流运输业

I. 虫草挖掘　　J. 政府部门

K. 绘画、木工、裁缝、石匠等

L. 其他

9. 您倾向于在省外就业的原因________。（可多选，最多选择3项）

A. 发展前景更好，就业机会更多

B. 工作、生活环境比本省好

C. 更有利于学习新技能

D. 同村(亲戚)在省外

E. 有利于下一代教育

F. 获取更高收入

G. 其他

10. 您经常在省外从事哪些非农活动？________。

A. 机械加工制造业　　B. 建筑施工行业

C. 酒店餐饮娱乐业　　D. 家政服务、社区公共服务业

E. 服装纺织业　　F. 农副食品加工业

G. 商业贸易　　H. 物流运输业

I. 虫草挖掘　　J. 其他

11. 您找工作一般通过什么方式？________。

A. 政府部门组织　　B. 亲戚朋友介绍　　C. 中介机构

D. 自己找　　E. 其他

12. 您的月平均工资收入________。

A. 1500元以下　　B. 1500~3500元

C. 3500~5000元　　D. 5000~8000元

E. 8000元及以上

13. 您每天的工作时间________。

A. 8小时以下　　B. 8~10小时

C. 10~12小时　　D. 12小时及以上

14. 您一般找到一份工作的时间是多久？________。

A. 一个月以内　　B. 2 个月

C. 3 个月以上　　D 半年

15. 您一年有多少个月从事非农活动？________。

A. 1 个月以内　　B. 2 个月　　C. 3~6 个月

D. 7~9 个月　　E. 9 个月以上

九、非农就业收入效应、非农就业农业生产率

您家一年的收入为________元；您家一年的工资性收入为________元；您家一年的农业经营性收入为________元；您家一年的畜牧收入大概有________元；您家一年的种植业收入大概有________元；您家一年的非农业经营性收入为________元；您家一年的财产性收入(包括地租、房租收入等)为________元；您家一年的转移性收入(包括离/退休金、社会保障金、低保金、国家补助)为________元。(请您填写具体数字，可以是一个估计数，但各项加起来应与总收入相同)

十、非农就业对农村居民家庭的消费效应

您家每年的消费支出为________元；您家在食品、衣着消费、家电、住房等上面的花费为________元；您家在交通、通信上的花费为________元；您家在医疗、保健上的花费为________元；您家在教育上的花费为________元；您家在娱乐、文化和旅游上的花费为________元。(请您填写具体数字，可以是一个估计数，但各项加起来应与总支出相同)

十一、非农就业土地流转效应(5 个问题)

1. 您家是否有农地或草地转入？________。

A. 有　　B. 否

2. 您家转入的农地或草地有多少亩？________。(请您填写具体数字)

3. 您家是否有农地或草地转出？________。

A. 有　　B. 否

4. 您家转出的农地或草地有多少亩？________。(请您填写具体数字)

5. 您家农业或牧业生产中购买生产性服务(由外部的、市场化、专业化

组织或者机构为粮食或畜牧生产者提供的产前、产中和产后环节的中间投入服务)的总费用支出为多少元？________。(请您填写具体数字)

十二、非农就业对子女教育获得效应(3 个问题)

1. 您是否给上学子女零花钱？________。

A. 经常　B. 比较经常　C. 偶尔　D. 几乎没有

2. 您是否会为孩子做家庭辅导？________。

A. 经常　B. 比较经常

C. 偶尔　D. 几乎没有

3. 您对孩子的教育期望是________。

A. 小学及以下　B. 初中

C. 高中　D. 大学及以上

十三、非农就业性别观念转变效应(4 个问题)

1. 您是否认同“男人以事业为重，女人以家庭为重”的观念？________。

A. 非常认同　B. 比较认同　C. 一般

D. 不太认同　E. 非常不认同

2. 您是否认同“男性能力天生比女性强”的观念？________。

A. 非常认同　B. 比较认同　C. 一般

D. 不太认同　E. 非常不认同

3. 您是否认同“干得好不如嫁得好”的观念？________。

A. 非常认同　B. 比较认同　C. 一般

D. 不太认同　E. 非常不认同

4. 您是否认同“在经济不景气时，应该先解雇女性员工”的观念？________。

A. 非常认同　B. 比较认同　C. 一般

D. 不太认同　E. 非常不认同

十四、非农就业对贫困脆弱性的影响

您对目前住房的满意程度________。

A. 非常不满意　B. 不太满意　C. 一般

D. 比较满意　E. 非常满意

附录三　层次分析法判断矩阵

基准层 B1

项目	B1 个人基本特征	B2 人力资本	B3 社会资本	B4 环境因素
B1 个人基本特征	1	1/5	1/3	2
B2 人力资本	5	1	2	8
B3 社会资本	3	1/2	1	6
B4 环境因素	1/2	1/8	1/6	1

指标层 C

项目	性别	年龄	吃苦耐劳品质	未来规划清晰度
性别	1	1/2	1/3	1/4
年龄	2	1	2	2
吃苦耐劳品质	3	1/2	1	1
未来规划清晰度	4	1/2	1	1

项目	受教育程度	掌握技能情况	健康水平	技能培训情况
受教育程度	1	3	1	4
掌握技能情况	1/3	1	1/3	2
健康水平	1	3	1	3
技能培训情况	1/4	1/2	1/3	1
普通话水平	1/5	1	1/3	2

项目	家庭成员最高学历	家庭成员普通话水平	所在村经济发展水平	周围邻居对非农就业的态度
家庭成员最高学历	1	2	1/2	1/2
家庭成员普通话水平	1/2	1	1/2	1/2
所在村经济发展水平	2	2	1	1/3
周围邻居对非农就业的态度	2	2	3	1

项目	人际交往	获取工作信息难度	朋友数量	亲戚数量
人际交往	1	3	2	2
获取工作信息难度	1/3	1	1/2	1/2
朋友数量	1/2	2	1	2
亲戚数量	1/2	2	1/2	1